莘庄史话

XINZHUANG SHIHUA

张乃清 著

上海闵行地方文史丛书

（第二辑）

中西書局

图书在版编目(CIP)数据

莘庄史话/张乃清著.—上海：中西书局,2023
(上海闵行地方文史丛书.第二辑)
ISBN 978-7-5475-2071-0

Ⅰ.①莘… Ⅱ.①张… Ⅲ.①村史—闵行区 Ⅳ.
①K295.15

中国国家版本馆 CIP 数据核字(2023)第 031462 号

莘庄史话

张乃清　著

责任编辑	马　沙
封面设计	梁业礼
责任印制	朱人杰
出版发行	上海世纪出版集团 中西書局(www.zxpress.com.cn)
地　　址	上海市闵行区号景路 159 弄 B 座(邮政编码：201101)
印　　刷	常熟市人民印刷有限公司
开　　本	700 毫米×1000 毫米　1/16
印　　张	15.75
字　　数	221 000
版　　次	2023 年 3 月第 1 版　2023 年 3 月第 1 次印刷
书　　号	ISBN 978-7-5475-2071-0/K·422
定　　价	88.00 元

本书如有质量问题,请与承印厂联系。电话：0512-52601369

上海闵行地方文史丛书

编委会

莘庄区域现状地图

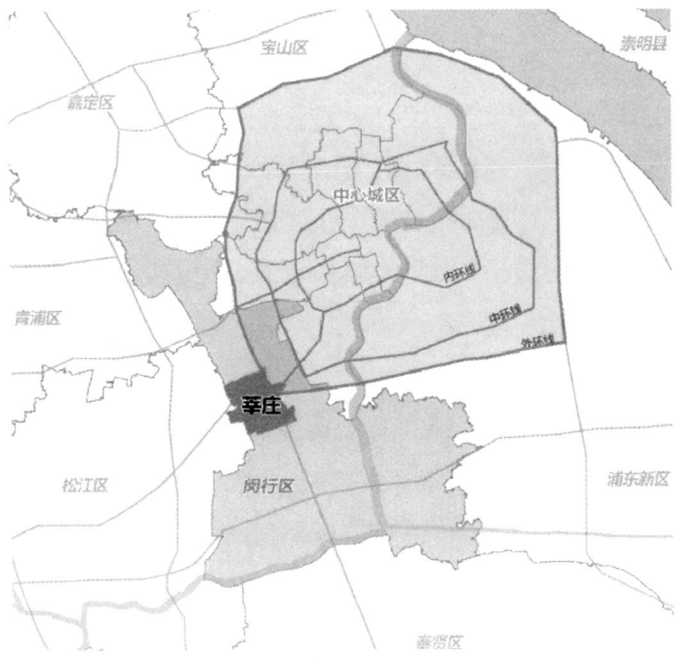

莘庄地理位置图

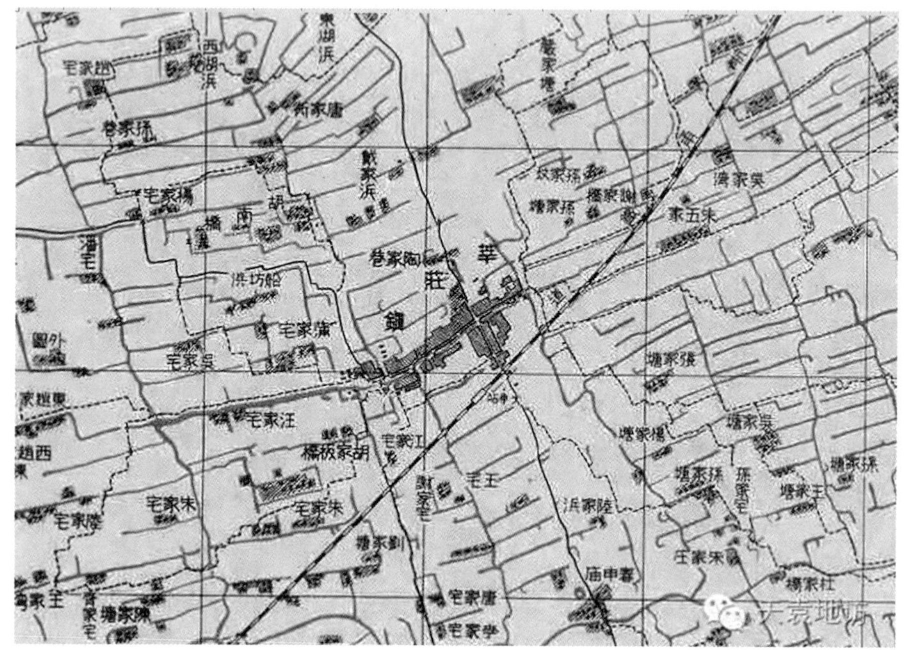

1932 年莘庄区域地图

清代本地区划示意图

前言

Preface

喜爱家乡不需要理由。吾是莘庄人，世居于此，理所当然会称其为“可爱的故乡”。读过很多赞美今日莘庄的诗文，但极少见到令人动情的佳作。不少诗文，也许是为了浪漫地赞美今天而过于矮化了昨天，也许是因为不了解莘庄的昨天而使颂扬之词显得过于空泛，所以并不打动人心，甚至感觉有点扭曲了莘庄的人文历史。

1949年11月，我出生在莘庄镇中心地带，亲历亲闻了莘庄七十多年来的风云变化和社会变迁，其中的甜酸苦辣，难以忘却。然而，对于1949年以前故乡的人文历史，直到步入中年也未曾有长辈给我系统地讲述过，我也未能阅读到令人真正信服的相关文献，甚至连自己家族前辈的历史都无处弄个明白。而几经社会转型，几番思想重塑，依然对“可爱的故乡”的认知虚实混杂，反反复复，疑惑重重。近三十年来，莘庄地区发生了翻天覆地的变化，“老莘庄”渐行渐远，历史遗存慢慢消失，老一辈未曾细述史实就撒手离世，更促使我有心追溯我出生之前的故乡风貌和历史真相。于是，长期收集，反复思考，如实记录，一再梳理，便有了这一册《莘庄史话》，也终于填补了心头的一处空白，为故乡丰富的历史文化资源做一汇总，实现作为地方文史研究者的夙愿。

莘庄确实值得乡人喜爱，但其可爱之处绝不仅仅是今日莘庄的新貌。莘庄的可爱之处，可称是极为厚实和丰富的。在元、明、清代的六百多年间，莘庄是松江府华亭县最东部的小镇，紧贴“上海”却属“江苏”。这里没有府台、知县衙门，也没有居住过巨商、圣人；这里不是经济重镇，也没有名山大寺。然而，小镇也出惊世名人，田园也有传代名胜，历史同样留下了无数佳话趣闻，民众同样创造出无数文明硕果。

明代早期，莘庄集镇常住人口只有数百，却多诗书弦诵之家。正德年间，朱恩官至南京礼部尚书，其家族先后出了五个进士。清代，“冯家旗杆”的人文风情享誉江南，“南张天主堂”的时代风云载入史册。近代崛起的钩针编结业，凝聚了几代莘庄人的聪明才智，既让欧洲花边在这里发生蝶变，又使一项手工技艺成为地方副业支柱，惠及家家户户。

莘庄可称是时有好运的福地。这里地处古冈身地带，具有五千多年的“根基”，地势高亢，不愁水患，优于东西两翼。明嘉靖年间倭患和清代咸丰兵灾，使周边乡镇大伤元气。而莘庄地区一次次幸免于重大灾难，只是税赋沉重，遇上天灾也会发生重大民生事件。直至 1909 年 8 月，沪杭铁路开通，在莘庄镇南设立了火车站，镇区因此得利而日益兴旺。1960 年 12 月，上海县政府迁到莘庄，小镇一举成为区域政治、经济、文化中心。1997 年 7 月，上海轨道交通一号线延伸到莘庄，这里迅速成为本市中心城区的拓展地区。一百多年间，这里有幸遇上一个又一个重大的发展机遇，以至发生百年巨变。

清康熙二年(1663)时，莘庄地区常住人口仅 1 000 多人；三百年之后的 1963 年，常住人口达到 1.27 万多人。三百年间，“莘庄人”以务农者为主体，集镇居民也是农与非农夹居。据 1955 年 10 月 31 日人口统计：莘北乡时有 2 694 人，其中非农业 86 人；莘南乡 2 857 人，其中非农业 42 人；南张乡 4 198 人，其中非农业 50 人；莘庄集镇上有 2 997 人，其中非农业 1 784 人。

上海解放后，莘庄地区经济社会持续发展，常住人口逐步增加。尤其是成为上海县治所在地之后，发展步伐越来越快。至 1982 年 6 月 30 日全国第三次人口普查时，莘庄乡有 15 547 人，莘庄镇有 9 616 人，合计 25 166 人。这里的人口密度更能印证发展状况：1950 年时，这里平均每平方千米 808 人；至 1986 年，为每平方千米 1 154 人。这三十六年间，每平方千米增加了 346 人。

跨入二十一世纪，莘庄地区经济社会发展极为迅猛。2000 年 8 月，莘庄镇常住人口为 56 900 多人。到 2010 年,常住人口猛增到 277 900 多人。这十年间的社会变化,真可谓翻天覆地。

2017 年,莘庄地区常住人口达到 29. 6 万多人,一个城镇已经俨然成为一座现代化城市。

1993 年 3 月 25 日莘庄乡、镇合并,至今已三十年,真可谓"三十而立一座城,翻天覆地齐更新"。欢庆之余,我们不可忘却为之奋斗的历代莘庄人。感悟莘庄之可爱,就是享受幸福。勿忘故乡的历史,就会感恩社会。敬畏历史,敬畏文化,敬畏生态,是每个中国人应有的态度。但愿《莘庄史话》能让今人完整地触摸莘庄的"本真模样",让莘庄人找到"回家的路",让"新莘庄人"找到归属感和认同感。

莘庄真好运！好运莘庄的明天会更美好！

目录

Contents

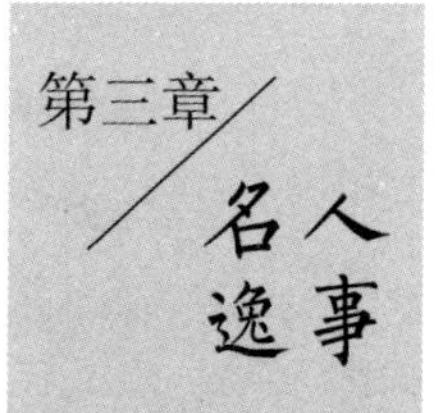

第四章 时代新歌

附录

第一章 老镇风物

同康典当更楼

莘庄中街 203 号

莘庄得名溯源流

最初的模样

二十世纪五十年代，考古工作者在莘庄地区发掘到一处魏晋南北朝(420—589)时期墓葬，从中出土了瓷杯、瓷碗等。这是本地区年代最早的历史遗存，展现了这里1 500多年以前的人文风貌。

宋咸淳年间(1265—1274)，乡人在横沥港畔始建“施水庵”。莘庄集镇南面的莘联村地区，曾出土宋代“朱氏二夫人墓葬”，墓前有石人、石兽等。由此可见800多年之前这里的人们已经聚族而居，初具规模。

自明嘉靖二十一年(1542)起，今莘庄地区长期属于松江府华亭县华亭乡。清顺治十三年(1656)“华、娄分治”后，本地区属华亭县第三十六保和娄县第三十五保。民国三年(1914)，这里属江苏省松江县，正式建置莘庄镇和莘庄乡，区域面积18平方千米。

莘庄之得名，相传源于当地有条市河——莘溪。清康熙《松江府志》和嘉庆《松江府志》称：“莘庄，一名莘溪。北邻七宝，南近乌泥泾。其地产花(指棉花)，少稻，本瘠土也。居民数千指(十指为一人)，多诗书弦诵之家。宋叶梦得之孙李，元时赘居于此，子孙家焉。明叶宗行其后也。”

这一记载所反映的信息是：隶属松江府华亭县三十六保的集镇莘庄，又

數里下皆黃沙鄉人甃砌咸需之見顧府志前志不載今增
莘莊一名莘溪北鄰七寶南近烏泥涇其地產花少稻
本瘠土也居民數千指多詩書絃誦之家宋葉夢得
之孫李元時贅居於此子孫家焉明葉宗行其後也見郭府志
朱家行明尚書朱恩居此故名
案隋唐置鎮將副掌捍防守禦之事宋更置巡檢司有寨有兵寨間志所謂鎮戍是也今人於市廛盛處概稱爲鎮前志因之非其舊矣顧府志或稱鎮或稱市不知所别茲從郭宋二府志例統列其地不加區别
附古鎮市

《华亭县志》书影

名莘溪。其地邻近七宝和乌泥泾(今华泾镇)。适宜种植棉花而种稻少。康熙年间居民已有数百人,大多为书香人家。明代早期知名人士叶宗行(又名宗人)的先世叶李(字太白),元代时赘居莘庄,繁衍子孙。

据康熙《松江府志》记载,清代初莘庄集镇上居民有数百人,多诗书弦诵之家。关于元明时期莘庄的人文风貌,虽然尚未发现历史文献的具体记载,但梳理一下本地历史人物的生平即可发现蛛丝马迹。明正统十三年(1448)春,莘庄人朱瑄考中进士。次年,授陕西道监察御史。成化二十年(1484)春,朱瑄之子朱恩也考中进士。正德五年(1510)正月,朱恩担任南京礼部尚书。正德十四年(1519),朱恩之子朱良训考中举人。嘉靖二十六年(1547),朱良训之子朱大韶考中进士。朱大韶从弟朱大年、朱大章和侄子朱本洽均为举人。这一百年间,莘庄朱家出了三名进士,均在京为官。明代的莘庄镇远不及北面的七宝镇繁华,但同样人才辈出,书香四溢。

明代时,沿莘溪散布的住宅大院,大多是从周边地区“巨室”(富户)来此所建的“别业”,被称为“诗书弦诵之家”。此后,来莘溪两岸聚居者逐年增多,尤其在寺庙庵堂周边、河湾港汊和河浜河口先形成居民点。西南部所谓“上只角”,更吸引人们落地生根,以至春申塘以北至莘溪两岸布满住户。这些自然村落,星罗棋布,多以姓氏冠名,如“某家巷”“某家塘”等。姓氏不仅有华亭特姓“朱、张、顾、陆”,还几乎包罗了松江府属所有望族大姓和平民百姓常用姓氏。可见,这里的居民来自四面八方,其中不少是外地移民。

莘溪河东连横泾(今横沥港),西接竹冈塘(今竹港),通达松江新桥、泗

泾,自古是莘庄来往松江府城或上海县城的水路通道。横泾南通闵行老街,北达七宝古镇。明代晚期,市镇沿莘溪两岸而建,构成东西南北街格局,东西街临河上下塘建筑尤多,绵延 1 000 多米。

地名由来

“莘庄”作为地名,最早记载见于明崇祯《松江府志》。在明代文献中,偶有提及“辛庄里”。明末清初,松江名士陈子龙(字卧子)在《自撰年谱》中,提到其先世曾居住在华亭县之“莘村”。明代文献屡见有“新村”和“新村塘”的记载,如明正德《华亭县志》就记载有“新村塘”和“新村塘桥”。后有书援引嘉靖朝巡按御史吕光洵为奏“苏松水利四事”而撰的《松江水利考》,其中提到有一条“入浦之水”名“东沟新村塘”。春申塘南岸至今有“东沟”村,也许有所关联。

清乾隆《华亭县志》在记叙“水利”时,标明此“新村塘”为“春申塘”,一名“莘村塘”,还标出河塘上的“春申桥”。春申塘是今莘庄镇南境直通黄浦江的一条支流,春申桥至今仍在,其前身也许就是“新村塘桥”。陈子龙所说的“莘村”,应当是当年春申塘畔的居民点。

莘庄、莘村、莘溪、莘浜等名称,均于清乾隆年以后载入志书。乾隆《华亭县志》卷二“镇市”,列举三十六保时有六个市镇,“莘庄镇”居首。这里的乡间小集镇,都称之为里、市、庄(镇)。所附的《华亭县全境图》,除标明三十六保各图名称外,还标明有“莘庄”“莘浜”“莘庄汛”和春申塘的具体方位。到光绪《重修华亭县志》所附图说及《浦北乡保图》时,更详细记载了三十六保全部乡图方位,并以“庄”代“市”和“镇”,“莘庄”已排在邻近所有庄(如颛桥庄、娘娘庄、朱行庄等)最前列,“莘浜”已改称为“莘庄市河”。

查阅有关历史文献,对照当今公开出版的辞书,见到涉及“莘”和“莘庄”等词条的释文,发现疑点不少。这并非靠简单地说文解字就能够弄清楚的。

莘,通常普通话读为 shēn。辞书解释有三:一是古国名、古邑名(如莘国、山东莘县)。二是姓氏(如莘瑶琴,为《古今小说·卖油郎独占花魁女》女主角)。三是莘莘,形容众多貌(如莘莘学子、莘莘征夫)。而莘庄这一地名的“莘”,读 Xīn,与“辛”“新”同音。查《现代汉语词典》和《新华字典》,莘(Xīn)字,仅举例“莘庄,上海市一地名”。

古代人起取地名时,随口而出,朴实无华,简明易记,口耳相传。凡一处地名,大多会有一个逐步取舍演进的过程,最终择其优而约定俗成,概莫能外。

莘庄、莘村,均为居民点。仔细观察“村”与“庄”的含义,两者明显有所差别。“庄”聚居者较多,“村”则少些。莘,又有众多之义。“莘庄”者,则是有更多聚集人家而发展成为里、市、镇(庄)。人口相对少的居民点,则呼为“莘村”。“新”与“辛”同音,“新村”转化为“莘村”。“莘庄”与“莘溪”也会有一个演化过程。最初实名“新庄”“新浜”,演化为“辛庄”“辛浜”。再经过文人雅士的修饰,在“辛”上加了“艹”,成为“莘庄”“莘浜”,又雅称“莘溪”。而“莘”的读音仍为“辛”或“新”未变。如此推理,也许就顺畅了。

莘,是一种多年生草本植物的名称,又名细辛,属马兜铃科。这种草花有细长芳香的根状茎,先端生叶一二片,花单生叶腋,贴近地面,常紫色,钟形。全草可入药,性温,味辛,具温经散寒、化饮、祛风止痛的功效,可治齿痛、鼻渊等症。这种质朴芳香又可入药的草花,自然受到人们的喜爱。当年,“莘溪”河畔长满这种草花。就像蒲汇塘因河畔长满蒲草而人称“蒲溪”一样,“莘溪”也由此得名。

地域范围

唐天宝十载(751),松江府设立华亭县。莘庄老镇一带属华亭县三十六保。横塘(今淀浦河前身)以北(含今东吴、明星、南马村一带)为华亭县三十五保,横塘以南(含今莘北、莘光、青春、莘联、莘东村一带)为华亭县三十六保。

清顺治十三年(1656),松江府分华亭县西南境置娄县。从此,莘庄地区以横塘为界,塘北为娄县第三十五保,下设十九图、二十图、二十二图;塘南

属华亭县第三十六保，下设十七图、十八图、三十四图、三十五图、四十四图、四十五图、四十六图。乡间时有155个自然村落。

清乾隆年以前，莘庄镇区的街市已经初具规模。在莘庄城隍庙内曾立有一批明末清初官方碑记刻石，在庙庵内也有“重修”碑记刻石等，由此可见当时的社会简况。

及至道光二十年（1840）前后，莘庄镇中的街道已具相当规模，几处寺庙庵堂香火日盛，带动了周边乡村的发展。当时，镇南部有春申庙（庵）、三官堂、陆昌庙，北部有城隍庙、会真道院、三茅殿、财神殿，以及圣姆娘娘庙、塘河庵（聚沙庵）等，还有慈善机构乐善堂和义塾。

1912年，步入民国时代，松江府被撤销，华亭县和娄县合并为新的华亭县。民国三年（1914），华亭县改称松江县，正式建置莘庄镇和莘庄乡，区域面积18平方千米，改属江苏省督沪海道松江县管辖。

民国十六年（1927）下半年，国民政府确定上海为特别市，决定将莘庄乡竹港以东地区划入市区，但江苏省不肯将某些乡让给上海市，双方产生矛盾。1928年7月，经国民政府行政院调停，将决定划入上海的莘庄等十三个市乡作为缓划区，成立莘庄自治区，区下设乡。区域范围南至颛桥镇，东至朱行镇东，西至横塘。横塘以北为七宝区。同时，莘庄区设莘庄镇建置，镇区与周边乡村分列。

民国二十三年（1934），莘庄属松江县第三区，下编保甲制，规定十户为甲，十甲为保，实施相互监视和告发的连坐法。

民国二十六年（1937）十一月十一日，莘庄撤区公所，成立汪伪维持会。不久改为莘庄办事处，设沥东乡、春申乡、娘娘乡、横溪乡、板桥乡及颛桥、横泾两乡和梅陇乡的朱行镇共八个乡（镇），实行乡保甲制。

民国二十七年（1938），撤莘庄办事处，成立莘庄区，隶属松江县。民国三十一年（1942）十月，莘庄区并入泗泾区，下辖莘庄镇公所，上属松江特别区。

民国三十四年（1945）九月，抗日战争胜利后，莘庄因离县治松江城较远，由上海县代管。不久重归松江县，成立莘庄办事处。

民国三十五年（1946），莘庄地区划归上海市二十六区。翌年五月，二十六区改名龙华区。

1949 年 7 月，横塘以北划为宝南乡（1951 年分为宝南、南张和电讯三个小乡），横塘以南划为莘庄乡（1951 年分为莘北、莘南二个小乡）和莘庄镇，隶属于江苏省上海县。

1958 年 1 月 17 日，国务院批准上海县从江苏省划属上海市。8 月 14 日，正式实施。从此，莘庄地区完全属于上海了。

1960 年 12 月，上海县政府迁至莘庄镇，莘庄遂成为上海县治所在地。

1961 年 9 月，莘庄人民公社成立，由于“乡镇合一”而形成新的地域范围。1966 年 5 月，又“一分为二”，莘庄镇单列。1984 年 3 月，莘庄公社改称莘庄乡。

1993 年 3 月 25 日，莘庄乡和莘庄镇“撤二建一”，在原辖区内建立了新的莘庄镇。

1995 年 8 月，上海市政府批准建立“莘庄工业区”，莘庄镇西南角青春村部分村宅划归工业区。从此，“莘庄”的地域范围基本固定，保持至今。

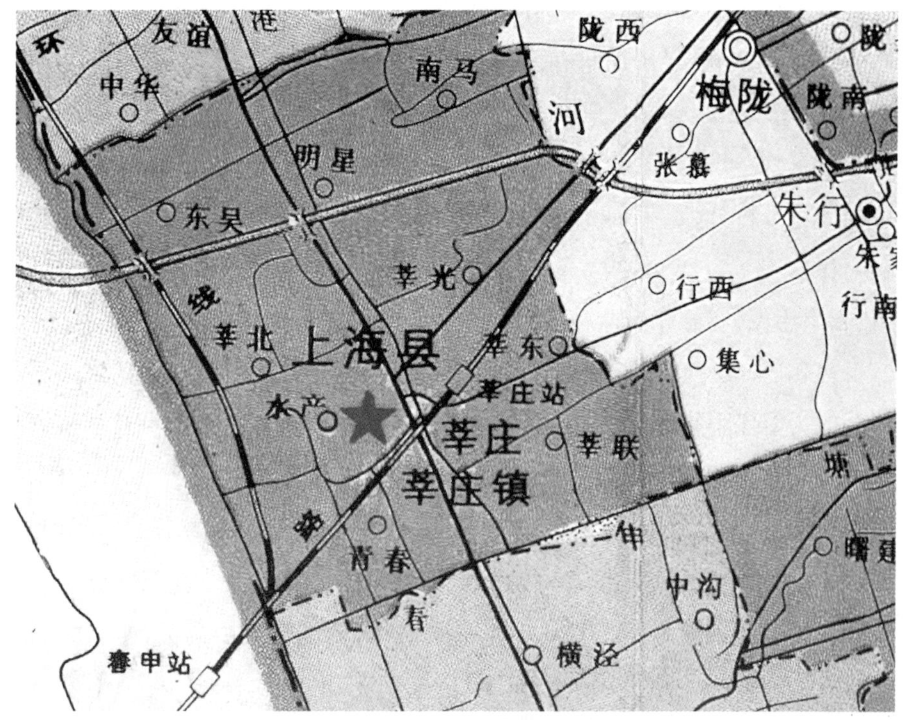

二十世纪七十年代莘庄公社区域地图

老庙古庵

莘庄地区自古佛教寺院不多,而道教道观不少。旧时,莘庄庙会日是农历六月十九日,即观音菩萨成道日。

施水庵

莘庄施水庵,位于莘庄老镇南栅口之南,是在宋室南渡以后比莘庄市镇更早出现的胜迹,最初俗呼"草庵",已有七百多年历史。明正德《华亭县志》和《松江府志》都记载有施水庵,称"宋咸淳间(1265—1274)僧奉建",并标明"在三十六保,县东北四十里",所指正是今日的莘庄地区。

清康熙《松江府志》和乾隆《华亭县志》记载:"施水庵,俗呼草庵,在莘庄镇。宋咸淳间建。有赵孟頫金书《法华经》。"嘉庆《松江府志》又补充称:"明崇祯元年,僧圣烱建万寿佛阁。"由此可知,这一古庵始建于宋咸淳间,拥有赵孟頫金书《法华经》,明崇祯元年增建万寿佛阁。由于施水庵在松江府地区具有一定影响,莘庄镇在明末清初时已经名声四扬。

光绪三十四年(1908)建造沪杭铁路时,为了设火车站,施水庵南迁,与春申庵合并。

城隍庙

莘庄城隍庙,位于老镇北栅口外,与会真道院毗邻,仅相隔一条狭长夹弄。庙正门向东开,门前道路向南走正对着北街口。正门内前厅为一统三开间,立有四根楹柱,雕梁精细,屋檐高翘。门厅两旁蹲着一对石狮,形态威武。再进为二门朝南开,上覆戏台,砖木结构,坐南朝北面向正殿而筑。戏台面对着宽敞的"庙场",可容纳上千观众。东西两侧各有一排三间"庙楼"(看台)。相传,这在松江府城隍庙戏台中排名第三。戏台"出将""入相"两门额书"述古""作新",由莘庄乡人冯生甫书写。

城隍庙大殿坐北朝南,堂皇富丽,规模宏大。殿中央一尊泥塑涂金面城隍神像坐堂,八名皂隶垂立两旁,神态各异,栩栩如生。大殿东侧有"打唱台",旁设小假山,植红牡丹一株。庭前有棵古银杏,树龄已数百年。东北角一间朝南向小厅,悬有"格思堂"匾额,相传系清朝禁烟名宦林则徐亲笔手书。此处摆设古朴幽雅,像是接待施主和宾客憩息之所。

莘庄城隍庙的沿革,府志、县志记载皆语焉不详。光绪《重修华亭县志》卷六"庙",有载"别庙"类称:"城隍神庙,在莘庄镇。见嘉庆《松江府志》。"另有一加注:"同治七年(1868),礼部饬知,城隍祀列地祇,并非人鬼。嗣后不得称公、侯、伯等字样,以重祀典。各乡镇别庙,或奉威灵公,或奉显佑伯。"

据此记载推断,莘庄城隍庙在嘉庆朝以前已建立,形成规模、香火旺盛则在同治、光绪年间。当时,娄县知县张泽仁当政,主持莘庄城隍庙重建扩容。

1941 年 10 月杜镇球所整理的《云间金石志》,收录有当年尚幸存的历史文物简介,所记载的立于莘庄城隍庙内官方碑记刻石就有《乡约碑》《松江府奉宪永禁地棍勒诈害民勒石》《华亭县奉宪永禁恶丐记碑》《奉宪严禁民间婚丧土棍不能霸持索诈勒石》等。

林则徐为"格思堂"题额的种种传说,应查核史料,做仔细分析。查阅《林则徐全集·日记》(1962 年 4 月中华书局印本),林则徐自道光十二年

(1832)二月十八日调任江苏巡抚,至十六年(1836)十二月底离任就职湖广总督,在此近五年期间,林文忠公关注民生,深入基层。道光十五年(1835)十月至十一月,曾赴嘉定、宝山、青浦、金山一带勘察水利,亲临宝山和金山海塘工程工地,在上海县城下榻大东门敬业书院,到金山大观书院看望生员。日记中记录了不少水陆行程见闻,唯独未见到莘庄和松江城区逗留的记载。若要说林则徐与莘庄人有缘的话,有件事也许可以一说。道光十三年(1833),莘庄人金鸣皋累世同居,和睦相处,娄县举人施有容等联名向华亭县推举申请朝廷"旌表义门"。时任江苏巡抚的林则徐经办此事,最后准予旌表,赐匾额,建祠堂。对于这等佳事,有好事者联想附会,戏说林则徐为"格思堂"手书题额。事实上,林则徐与莘庄城隍庙重修扩容建"格思堂",毫无关联。

1928年,乡人顾某、柳某为破除迷信,趁夜捣毁了城隍庙内全部神像,全镇哗然。此后,"格思堂"一度成为莘庄小学幼稚班教室。抗日战争期间,社会动乱,庙内所有文物被盗而散失殆尽。1949年莘庄解放时,房屋已残破不堪,面目全非。1961至1964年,部分房屋翻修,成为上海县文化馆所在地。1965年因筑莘建路,原有房屋拆除。1975年3月,在此地基上建成上海县邮电局新楼(今莘建路125号)。

三茅殿

《重修华亭县志》记载：三茅殿在三十六保四十四图,即今文星阁,明万历年建。

三茅殿为三层楼建筑。下层五间,居中一统三间,有合抱大的楹柱四根,好似厅堂式样;中层亦五间;上层一统三间,四面开窗,非常轩敞,形如藏书之阁。屋脊南面书有"文光射斗",北面书有"峰泖钟灵"。

三层楼屋脊中央装有铁骨油灰制成的白鹤一只,面向南方,昂头翘尾,独脚而立,形态逼真。相传,此鹤晚上会到小东街南面的王家浜里洗澡,而要生蛋时,却飞到七宝去。二十世纪二十年代初,镇民汪卓之等人认定"这只白鹤吃了莘庄的食,却将蛋生到七宝,所以莘庄越弄越穷",于是,将这只白鹤拆除了。

清同治七年(1868),设文星阁义塾,有学生三十多名。

1913 年,松江县立第六高等小学校建立,将三茅殿辟作礼堂。

1922 年 7 月,松江县立甲种师范讲习所创办于三茅殿。后更名为松江县立师范学校。

1936 年,费富生任校长时,小学不慎发生火灾,整座殿宇焚毁。原址在原莘庄小学大操场东北角。

会真道院

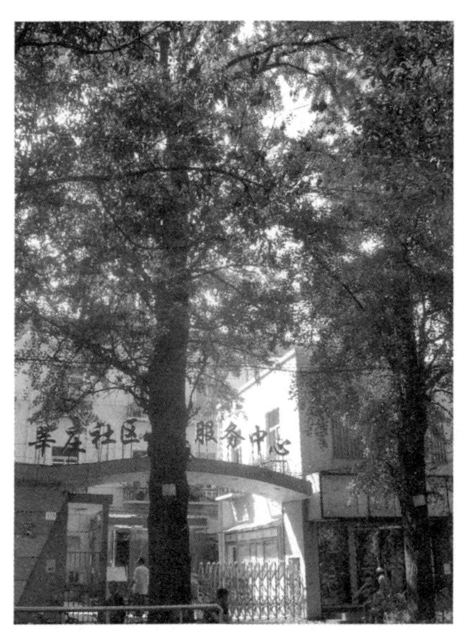

会真道院银杏树今貌

会真道院,位于莘庄镇北街口。清康熙二年(1663)《松江府志》二十七卷已有记载。道院系道教私人财产,创建人为李少白。初创时有田产 4 万多平方米,至光绪年间田产增至约 2 万平方米。当家法师相传有三十多代,末代为兴国法师。乾隆、嘉庆年间,由白岩法师当家,邀娄县书画家瞿然恭、李介眉驻院画像题额,留下不少佳作。道院门内一雄一雌两棵银杏树存活至今(上海古树 273、274 号),树龄已有 200 多年,应当是在白岩法师当家时栽种的。

嘉庆二十二年(1817),会真道院炼师李怀青创建"惜字局"呼吁士民"敬惜字纸"。冯家旗杆冯以昌(1759—1827,字魏蕃,号醒泉)特意撰文支持,共襄善举。

当初,道院前部建有火神殿、华陀殿,装有泥塑神像,后有正厅,两边次间,东西侧厅,均为楼房。西侧厅名"憩鹤山房",造型美观,布置幽雅,西窗临河,上架小桥,下有小埠,是当家的书房兼休息场所。道院内道具很多,如

大灵山、小灵山、五都门、三都门、大小忏牌、钟鼓亭、桃木剑等，精工细雕，有的深入五层。另有绣花缎子制的软都门、道袍、法衣和绢制的孔雀羽毛桌帏等十几箱。财产之多，经堂摆设之考究，在松江府道教界首屈一指。

1960年，辟建莘建路时，道院前门及火神殿适值建路地段，予以拆除，剩余道具移至上海白云观。1962年，原有建筑全部拆除，唯独留下两株古银杏。

三官堂

莘庄三官堂，相传建于明末清初，同治十三年（1874）重修，光绪二十一年（1895）西侧新建四间房屋。其地处镇南栅口外张家宅，人口稠密，香火长期旺盛。庙小神灵大，故事传说也多。至今老莘庄人仍津津乐道，历数当年三官堂的传说和师太们的故事。

三官，本是道教所奉的神，亦称“三元”。上元天官、中元地官、下元水官，合称“三官大帝”。三官堂大殿中央，塑有三官老爷神像，佛龛高大，形态逼真。西殿有关公神像。西次间有施相公神像。

据三官堂文物铜钟铭文所示，此铜钟于清顺治十五年（1658）始铸，顺治十八年（1661）铸成。钟高1米，底口直径0.8米，下沿口呈莲瓣状，钟纽作伏螭形，钟身雕纹精细。抗日战争时期，三官堂开修师太为使古铜钟免遭战祸和盗窃，将其暗藏在大殿后壁夹弄内，直到1949年上海解放后，才报告政府有关部门，后移送上海南市慈修庵（位于方浜中路榛岑街15号）保存。

三官堂铜钟

据《重修华亭县志》记载，同治十年（1871）华亭县知县张泽仁批准在三官堂设义塾,招生 20 名。知县拨出经费,每月初一、十五由塾师宣讲“乡约”。同治十三年(1874),修缮庵堂房屋,除大殿外,增建西殿,称“关公殿”,供三界伏魔大帝“关帝圣君”关羽(字云长)。又筑“云房”,作为师太起居宿舍。并立碑刻“勒石永禁”,落款为“钦加同知衔松江府华亭县正堂”。

光绪三十二年(1906),莘庄镇商会成立,借用西街曲尺湾“祖师堂”址建造新屋,把神像移到三官堂西次间供奉。及至两年后,1909 年沪杭铁路开通,张家宅地段已建成莘庄火车站,正与三官堂一南一北,隔浜遥望。乘火车的旅客在莘庄站等候转车之余,顺道观光了三官堂,使这里的人气更旺了。

清朝末年,三官堂住有僧众,专为丧家诵经超度亡人。

1935 年,有高姓商家开设通利轮船公司,备有以汽油为发动力的机帆船(俗称“汽船”),航行于莘庄至泗泾、佘山之间,客货兼容(时称“泗泾汽船行”)。船码头即设在三官堂前的三官塘浜上,便于与火车站连接。每至暮春郊游时节,航班更加兴隆。抗日战争时期,三官堂四间简屋,曾作为暂厝待葬灵柩的场所,深受百姓赞许。

1949 年前后,三官堂有房屋十九间。堂内一切神像和摆设,均毁于 1966 年开始的“文化大革命”中。

财神殿

财神殿,位于莘庄镇东栅口内西侧,莘溪市河与横沥港交汇处西北隅。环境极佳,交通方便,南有启秀桥(俗称“财神桥”)跨莘溪接通南北,东有萃龙桥(俗称“东环龙桥”)临横沥港连贯东西。财神殿坐北朝南,正殿一统三开间,正门面西,两面有次间,门前场地宽敞。正殿面南,一统三间,殿中央一尊金面财神坐像,形态英武。财神,通常是指“赵公明元帅”,是道教所奉的守护神。殿西偏设有鲁班先师神像。西侧有南北次间,沿市河有下塘屋四间,另有东厢房两间。每逢春节期间,这里香火旺盛,人潮如织,是当年镇上住户和四乡百姓最向往的去处。

莘庄财神殿建造年代无考，光绪初年已具规模。1964 年，因疏通河道，均拆除。

相传，正月初五是财神老爷生日，自古有所谓“接路头”的习俗。人们于初四夜间或初五清晨，焚香燃烛，虔诚迎接财神老爷，商家最为活跃。

应心庵

1926 年，法华镇何姓女到莘庄镇财神殿削发为尼，法名永明。

应心庵，位于财神殿南，两者仅一河之隔，由永明尼募建。共有佛像十九座。正殿供释迦牟尼坐像及阿难、迦叶立像，另有观世音坐像及善财（童子）、龙女立像。山门有阿弥陀佛坐像，背后是韦陀立像等。庵内还有永明徒孙有又能和根道二人的塑像。

“文化大革命”期间，应心庵房屋由莘庄公社修建队使用，后改建成厂房。

顾司徒庙

顾司徒庙，地处七宝、莘庄交界处（今七莘路庙桥港河北富丽公寓东区内），庙供主神为三国东吴司徒顾雍。顾雍（168—243），字元叹，吴郡吴县（今江苏苏州）人，汉末至三国时期吴国重臣。吴大帝封其爵位“醴陵肃侯”，在位十八年。

顾司徒庙自古有官道经过，为本地区重要地标。七莘路建成后，设有车站。1956 年，修筑顾戴路，西起顾司徒庙，东至梅陇镇戴家祠堂。

圣姆娘娘庙

圣姆娘娘庙，位于莘庄老镇北郊。庙内有两块碑刻，记载该庙建造于明代。

圣姆娘娘，即道教传说中的“三圣母”，玉帝的外甥女，为虚拟的神话人物。相传，“三圣母”聪明美丽，心地善良，因其关照，这里风和雨顺，五谷丰登。

清康熙二十八年(1689)八月立《助田记碑》。正书十二行，行四十二字，有额，正书阳文，横列四字。

康熙五十九年(1720)，季夏公主持重建。《重建圣姆娘娘庙记碑》正书九行，行三十九字，有额，正书，横列，题“重建碑记”。

莘庄镇北郊(今莘北村、莘光村等地)日伪时期为“娘娘乡”，有五保四十七甲。

横塘庙

横塘(今淀浦河前身)南北两岸，自古各有一座横塘庙。相传，南横塘庙创建人是数百年前瞿家塘的瞿宝。

清嘉庆十二年(1807)十二月，冯家旗杆冯以昌在北横塘庙西独建“逢嘉桥”。嘉庆十五年(1810)，冯以昌在北横塘庙东创建张公祠、顾烈妇祠。次年正月，冯以昌重建“虹腾桥”(俗称“横塘桥”)。

1976年2月，开挖淀浦河后，当地的老百姓说：“横塘庙留在河浜中了。”

陆昌庙传奇

陆昌庙，位于今莘庄镇青春村金家塘（中春路西，青春路南，西临竹港河与松江区接壤）。

1956年12月24日，在《新民晚报》上刊登的上海市文物普查工作成果报道中提到："陆昌庙，庙已改为小学，尚留下一部分清代中叶修建的房屋。庙内还有一棵百年牡丹，是很有名的。庙外沿溪有一株五百年以上的老银杏树，要三个半人才能合抱。此外，还找到几块嘉庆十二年和二十三年重修陆昌庙记的石碑。根据碑文所记，这庙始于何时，已不可考了。"

五百年沧桑

有人推算，陆昌庙遗存至今的古银杏已有五百年以上树龄，此庙始建年代不会迟于明嘉靖年间。

民国《华娄续志残稿》记载：清嘉庆十三年（1808）菊月刻《重修陆昌庙记》，"古娄马德溥撰，莘溪金开泰录，正书十一行，行五十四字，后刻各图分修房屋及捐输姓氏十二行"。

陆昌庙老庙占地4 800平方米，西临竹港河道，与今松江区接壤。清代时，这里为松江府城隍神李待问的行宫，逢农历七月十四日庙会，有当日喝

二十世纪五十年代陆昌庙

豆浆的习俗。

1933 年,在此创设陆昌小学,占用部分庙房。抗战爆发后,师生流亡到新桥钱家浜和颛桥万龙小学内。1946 年,重返陆昌庙,改名龙华区陆昌国民学校,属横溪国民学校分校,有 2 个班级,83 名学生,4 名教职员。1956 年后,校舍迁到谢家塘村内。“文化大革命”初期,庙屋被拆毁。

陆昌庙今貌

2001年11月，乡人在银杏树侧重新建起几间庙屋。2003年11月又建围墙等。按月洞门高度2米计算，估计庙屋总面积100平方米左右，佛殿也不足20平方米，殿内仅一张供桌上放置几尊30厘米左右的小佛像。庙屋虽小，设施俱全，银杏树东西各有一铁铸大鼎，供善人烧香之用。今主要供奉观音娘娘、财神爷，还有孙大圣等。

庙有三宝

人们都说，陆昌庙有三宝：古树、古桥、古牡丹。

古银杏：雄性。1976年曾遭雷击，击断树顶。1982年，因妨碍电线而被锯去东北枝干，现树形像座没顶的塔，半腰长有一个“肉瘤”，树干向南倾斜5度，下部树皮剥落0.8平方米，树心已空，仅靠半爿树根支撑。因常年无人管理，有社员依傍挖土、种水稻、砍枯枝，以致古树一度假死。1983年被市园林管理局列为古树55号，加以一级保护，树旁改辟桃园，当时此树胸围4.8米、蓬围17.3米、高度21.5米。

聚星桥：相传，始建于明嘉靖十九年（1540）。民国《华娄续志残稿》记载：嘉庆二十三年（1818）岁次戊寅嘉平月立《聚星桥碑》，“上邑潘成屿撰，蒲溪叶耕莘录。正书六行，行四十八字，有额，正书二行，行二字。后刻工料

陆昌庙明代聚星桥

开支三行,助愿姓氏十三行,计七列。”聚星桥跨庙浜,为双拼三塊石桥,宽 1 米余,长 5 米,二十世纪八十年代时仍完好留存。古桥的位置今有一座铁栏水泥桥。

“魏紫”牡丹:当年,陆昌庙内有一棵赫赫有名的“黑牡丹”,有 4 根主茎,每株高达 2 米左右,花色深紫,人称“魏紫”,都说是北宋宰相魏仁溥培育的。

“魏紫”牡丹

相传,明代嘉靖年间,莘庄镇西栅口莫家弄的莫怀古任太常寺卿(司御厨的职官)家中有一棵“魏紫”牡丹,是有位门生在宫里当总管,私自拿出来送给老师的。莫家中还有一件祖传的白玉杯,因玉杯周身雪白,又名“一捧雪”。莘庄镇汤家弄的黄杨树头,有个叫汤勤的家伙,为人奸刁,当地人叫他“汤裱背”。他早就看中了莫怀古的爱妾雪艳娘,一再寻机调戏。一次,汤勤逛进莫家弄,恰巧遇上雪艳娘。他见四周无人,欲行非礼。雪艳娘宁死不从,连忙呼救。幸亏莫怀古闻讯赶来,将汤勤轰出门外。汤勤就此怀恨在心,便投靠了权奸严嵩之子严世蕃,蓄意告发莫怀古私藏国宝白玉杯。莫怀古得知凶讯,连忙叫雪艳娘带了玉杯逃往他乡,又恐连累门生,暗中将“魏紫”牡丹送给了陆昌庙的老和尚。

陆昌庙的老和尚精心养护“魏紫”牡丹,传了一代又一代。

二十世纪三十年代，陆昌庙庙董王浩然为首发动了一年一度的赏牡丹活动。每当暮春，紫色牡丹花竞相怒放。是日，除敬神外还有打唱、说书等活动。东自沪上，西至松江，莘庄镇以及附近农民都争相前来观赏，路上行人络绎，盛况一时。据传，此牡丹花开得繁盛与否，预兆本乡今年的棉花收成好坏；哪个方向的牡丹花开得多，可知哪个方向的棉花收成好。

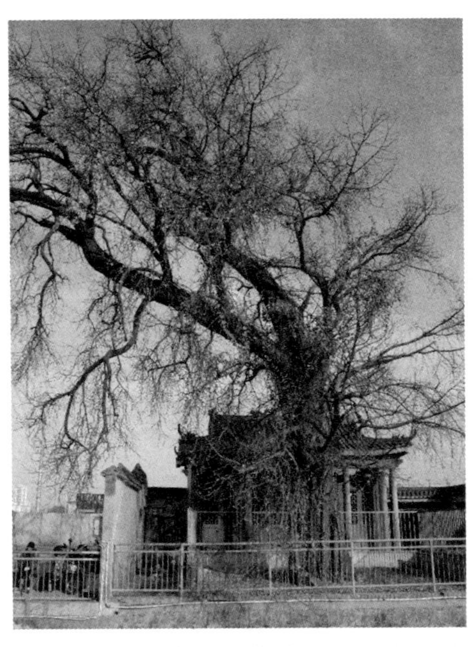

陆昌庙银杏树（古树 0055 号）

上海解放前，莘庄镇西街居民王肇新，因与庙董王浩然谊属莫逆，故分得一幼株植于家中。土地改革时，王肇新被定为地主，房屋地产归公。1952 年，莘庄公园园丁倪光裕将王处的三株牡丹移植到公园中。隔不多时，被桂林公园获悉，就把其中最大一株移去，但未能成活，复又搬去一株，不久又谢世了。莘庄公园将最后一株迁至园中小墙圈内，意欲保存，但后来仍被人盗走。

1963 年冬季，在莘庄公园最后一株牡丹被盗走前，镇上居民李君商托莘庄公园园丁倪光裕用压条栽培法，幸育成一株，后移植于家中，此乃现今仅存的有四百余年历史的陆昌庙古牡丹“魏紫”的第三代。经李君商二十多年的精心培植，现第三代“魏紫”牡丹高约一米，根旁萌芽大小二十余株。每当暮春时节，枝叶蓊郁，生机勃勃，蓓蕾怒放，瑰丽多姿，惹人喜爱。花呈深紫红，因花芯分散于各花瓣之间，故又称之为“散芯牡丹”。

陆昌水蜜桃

近一百年来，莘庄地区曾有几个著名的桃园。陆昌庙也有曾经盛产龙华水蜜桃的佳话。

1954年,莘庄乡园艺农民柳四根从华泾地区截取水蜜桃老树枝条,嫁接于陆昌庙桃园(今青春果园),培育出十余株桃树,所产桃品质好,色美味佳,市面上称为“陆昌桃”。当时,《解放日报》曾刊文报道,并指出应“防止龙华水蜜桃失传,恢复水蜜桃生产”。

1975年,莘庄人又用陆昌桃树枝嫁接培育六十株桃树。至1987年,尚剩21株。1988—1990年,在上海市农业科学院和上海农学院的协助下,上海县科学技术委员会和县林业站对莘庄乡青春果园陆昌桃及同园1973年栽种的奉化玉露桃和无锡红花玉露桃树进行实树考查。考查结果表明,三种桃树的物候期、花器特征和果实性状基本一致,叶片同工酶主谱带基本相似。相关专业研究机构做出的《科学技术成果鉴定》认为:“陆昌桃即为当地历史上遗留下来的龙华水蜜桃……证据充足,结论可靠,为恢复上海名特产龙华水蜜桃生产提供了依据。”

陆昌庙银杏树

莘庄缺口里见证地震

上海地震台网正式测定：2022 年 10 月 2 日 23 时 37 分，在闵行区莘庄镇（北纬 31.12 度，东经 121.37 度）发生 M0.8 级地震，震源深度 7 千米。

2012 年 4 月 2 日 23 时 27 分 51.9 秒，莘庄发生 1.2 级地震，震中位置北纬 31.1 度，东经 121.5 度。

于是，人们更加关注莘庄地区有关地震的历史。

历史上，莘庄老镇有一处地名很特别，人称“缺口里”，具体地点位于原莘庄市河南岸，即今莘浜路 58 号左侧。相传，此地曾发生过一次破坏性地震，地层龟裂陷落成“缺口”形。历代乡人以此为地名沿袭，作为莘庄曾经遭遇地震的见证，提醒人们注意防范。

上海地区有关地震的历史资料载明，最大的一次地震发生在明天启四年七月十九日（1624 年 9 月 1 日），震中北纬 31.2 度，东经 121.5 度，今莘庄工业区范围内震级为 4.8 级，上海县老城厢震级为 5 级，烈度为 6.5。清康熙《松江府志》称：“天启四年七月辛未地震，若雷声，民居有倾者。”乾隆《华亭县志》称：“半夜地震，人皆逃之户外。烈风沙雨，为日无光，历三天。”

莘庄老镇地处北纬 31.06 度，东经 121.22 度，距离上海城区不算太远。在地质结构上，经过莘庄老镇有两条断裂带，一条是太仓到奉贤，另一条是大场到周浦，活动程度非常弱，上海发生大地震的威胁来自海洋。黄海南部是地震多发区，一旦南黄海发生强烈地震，此地就会受到波及影响。历代地方志书最早记录黄海地震影响上海地区，有明成化十七年二月（1481 年 3 月），震 6 级。弘治十八年九月十三日（1505 年 10 月 9 日），震 6.75 级。志书记载："有风如火，东南来，地大震。"此后又受过 6 级以上的地震波及，均因距离黄海中的强震区尚远，烈度在 6 度范围之内。及至 1984 年 5 月 21 日 23 时 38 分，黄海地震 6.8 级，上海地区测为 5.8 级，波及莘庄镇时，震感强烈，居民纷纷逃出户外，有三间危房震塌，原东街 57 号瞿姓家沿街廊檐塌落。

地方志书还记录了此地连年发生的地震。如：万历二十三年春正月戊寅（1595 年 2 月 13 日），震中地处北纬 31.1 度，东经 121.4 度，震 3.5 级。"天鼓鸣，屋宇动摇。漏尽三刻乃止。"天启二年（1622）春三月癸卯地震。丙午复震。冬十二月丁未，"地大震。声如风雨，自西北至东南，屋宇动摇久之"。

这几次地震的震中区正是莘庄老镇附近。天启三年三月十三日（1623 年 4 月 12 日），长江口地震，震 4.75 级。十二月二十二日（1624 年 2 月 10 日），扬州地震，震 6.25 级。上海地区震感强烈。可见，1624 年 9 月 1 日发生的地震，很显然与这段时期的连续地震有关联，又因其震中在上海县城厢南市，莘庄镇上出现了地层龟裂的缺口。

1840 年以后，仍有数次地震波及莘庄。如：道光二十四年十月二十三日（1844 年 12 月 2 日）。长江口地震，震中北纬 31.5 度，东经 122.5 度，达 5 级。道光二十九年六至七月（1849 年 7—8 月），震中在莘庄老镇附近，北纬 31.1 度，东经 121.4 度，达 3.75 级。咸丰元年正月十七日（1851 年 2 月 16 日），震中在北纬 31.6 度，东经 121.24 度。同治五年九月十五日（1866 年 10 月 23 日），震中在莘庄老镇南，北纬 31.1 度，东经 121.4 度，震 4 级。十二月初七日（1867 年 1 月 12 日）子刻，在莘庄老镇西，北纬 31.4 度，东经 121.3 度，达 3.75 级。光绪二十一年正月二十二日（1895 年 2 月 16 日），在莘庄老镇西，北纬 31.3 度，东经 121.3 度，达 3.5 级。这几次地震虽然级别不高，未发现人畜伤亡，但人们从酣睡中惊醒，坐待达旦，印象颇深。

1949 年以后的较大地震，除了南黄海发生的数次外，还有江苏溧阳发生

过两次。一是 1974 年 4 月 22 日 8 时 29 分溧阳上沛地震，震 5.5 级。莘庄地区有明显震感。一是 1979 年 7 月 9 日 18 时 57 分溧阳地震，震 6 级。莘庄震感强烈。据亲历者记忆：这一天气候异常，潮湿闷热难受。傍晚天空突现红云似火。18 时 57 分 23 秒，天色昏暗，轰隆似雷声阵阵，大地由西向东晃动。楼房越高，震感越大。居民闻声纷纷逃出户外。还有一奇特现象，室内南北坐者震感略差些，东西坐者则大，这或许是地心磁力所影响。此次地震烈度不及 6 度，故未造成严重破坏。

莘庄人一向关心地震动态，曾长期在莘庄中学楼顶设立地震观测点，在工业区设有地震深井监测站。

近代老街风情

老街概貌

莘庄老镇跨莘溪而建,市河为东西走向,东通横沥港,西接竹港河。清同治九年(1870),华亭县知县张泽仁组织疏浚莘溪河。横沥港经过镇东,南通黄浦江,北达吴淞江。

老镇上的东街、西街沿北岸建上下塘。东起典当桥,西至杨家弄、商会弄,绵延 928 米,有门牌 513 号。南街、北街长 295 米,有门牌 148 号,与东街、西街相交于平桥北堍(今海星商场处)。沿街店铺、作坊比家挨户。东街和北街多为生活资料商店,南街近火车站,多为饮食、理发、菜场、茶馆,沿街前为店铺,后为住宅,是农副业生产资料的主要供应处。

近代,镇区人口骤增,西街市面不断向西延伸,人们就将西街之东段改称为中街。

老镇街路普遍较窄,平均宽 2.2 米,大多由青砖铺成,唯有东街同康典当门前为石板街,长 60 米。

老镇上弄巷多,东街有汪家弄,西街有杨家弄、商会弄、王家弄、莫家弄,南街有穿心弄、高家弄等。

老镇上寺庙多,抗日战争前尚有会真道院、三茅殿、城隍庙、三官堂、财

神殿、应心庵等。

市河石桥

莘庄地处江南水乡,港泾河浜密布,有众多古石桥。据《重修华亭县志》记载,清代时莘庄地区有历代留存的民间小桥 129 座(至 1950 年尚有 111 座)。陆昌庙的聚星桥,是一座双拼三堍石桥,建于明嘉靖十九年(1540),为莘庄地区现存的最古桥梁。

当年,老镇上跨莘溪河的桥梁有 17 座,自东向西为萃龙桥(东环龙桥)、财神桥(启秀桥)、典当桥、会龙桥(平桥)、东混堂桥、西混堂桥、登云桥(侯家石桥)、吊桥、武家桥、金龙桥(善堂桥、小石桥)、永济桥(西木行桥、油车桥)以及跨大富浜的营房桥等。

其中,有 3 座石拱桥,因建造年代较早,留给人们的印象最深。

一是东环龙桥。清光绪《华亭县志》称"萃龙桥"。跨横沥港,东西向,长 18 米,宽 2.5 米。造型甚美,半圆形卷洞供船只往来,与水中倒影合成一个完整的圆环。桥身雕有龙鳞状花纹,非常美观。桥下河水漪涟,若晴日遥望此桥,犹如见到苍龙伏波,使人联想沉思,流连忘返。此桥是镇郊东部乡村进入东街的交通要道。

二是平桥。清光绪《华亭县志》称"会龙桥",俗称"环龙桥"。长 13 米,宽 3 米,桥面青石铺设,护栏设置如长凳,可供路人憩息。贯通南北街,北堍与东西街连接,呈十字形。桥与街面同宽,高又与街面齐平,故里人皆称为"平桥",并有乡谚"平桥不平路平"。十字街口又称"平桥头",为全镇最热闹的地段。1956 年,为方便较大型车辆行驶,平桥被改建成水泥桥。里人不由叹息其变得不伦不类,均说"路平桥不平了"。

三是侯家石桥。清嘉庆《松江府志》称"侯家桥",光绪《华亭县志》称之为"登云桥"。南北向,位于跨莘溪曲尺湾西端,一堍半环形卷洞。长 13 米,宽 2.5 米,高度超其他桥梁。其得名之传说不少。一说取自镇南边有村宅叫侯家塘,也有说是"后街"的谐音。此桥南通向小西街。"登云桥"之名,更富诗意。由西街曲尺湾登上桥,眺望上下四方,令人心旷神怡,仿佛升入云端。

1964 年 11 月 26 日,为了推进市政建设,莘庄镇开始填没莘溪市河,修筑成莘浜路,这三座古石桥随之全部拆除,留下的只有一个个历史名称。对于当年这些桥梁所起的作用,历数对民生和社会的贡献,老莘庄人必定是难以忘怀的。

二十世纪六十年代平桥拆除后的“平桥头”

老街商市

莘庄老街商铺林立,镇上居民十之三四经商谋生。清光绪三十二年(1906),“莘庄商会”成立,商民踊跃参会。

依赖沪杭铁路的发展,二十世纪三十年代莘庄老街商市日盛,(棉)花市布业更加繁荣。老镇上时有商店 218 家,分 57 个行业,市面热闹,乡脚广泛。1949 年时,仍有商店 152 家,从业人员 300 余人,其中烟什店 19 家、米店 16 家、茶馆 15 家、南北杂货店 12 家、鲜咸肉庄 11 家、棉布百货店 8 家、豆腐店和点心店各 5 家、药店和饭店各 4 家,还有地货行 3 家,花边号 3 家,水果行 3

家，砖灰行2家，茶食店2家，皮毛店、旅馆、照相馆、苗猪行、浴室、盐店、碗店、野味店、寿衣店、弹花衣店、镶牙店、香店、竹行、木行各1家，店面大多为单开间或两开间。

东、西、南、北街交会的平桥一带，成为老镇市中心。每日早中两市，四乡农民或推独轮车，或驾小船，或肩挑手提，杂沓纷至。尤其是每逢三、七日为苗猪集市期，街上行人摩肩接踵，酒楼茶坊顾客满座，市面更显繁荣。

1948年，老镇上有轧花厂4家、碾米厂3家、榨油坊2家，从业人员18人。1956年，共有商店107家。

知名商店

1949年前，莘庄老镇上规模较大的店铺有同康典当、万恒丰槽坊、郑乾顺槽坊、周裕茂槽坊、钱宝成堂药店、陈养生堂药店、乾泰祥茶食店、陆启昌米行、徐恒源杂货店、宏兴泰南货号、同吉祥南货店、吴协和花边号、沈日新百货店、永大德木行等。

莘庄老镇中街189号汪鼎昌茶食店属著名老字号，与七宝镇汪鼎昌茶食店（光绪二十六年开业）为兄弟店。汪鼎昌号，创始于清光绪年间，创始人是安徽籍商人汪忠廸。以精制茶食著称，有“厚枕软香糕”“猪油鸡蛋糕”“方酥”“芝麻朝板糕”等，其中以浇切糖、寸金糖著名，糖多糕软，深受莘庄人喜爱。

老镇上还有稻香村茶食店、乾泰祥茶食店，都设有作坊，自制糕饼。稻香村的“厚枕软香糕”，糖多糕软，每天清晨供应，因数量有限，迟来者只能徒劳往返。乾泰祥的“百伙糕”“加厚牛皮糖”名声远扬。每逢八月十五中秋节，这三家茶食店的苏式菜油素月饼，色黄味香，而且花式有十几种，叠成宝塔形包扎起来，可作斋天香之用。

茶馆书场

莘庄老镇上茶馆众多，而且先后有11家茶馆开设过书场。清宣统二年

(1910),混堂楼茶馆已设有书场;北街共一楼茶馆也附设书场,各可容听众七八十人。开设书场最长久的要数杨秋茶馆,时间长达十余年。

书场的说书艺人来自各地,常演的节目有光裕社的短篇"小书"、润余社的长篇"大书"、浦东的钹子书、本地人的锣鼓书等,有时还唱"滩簧戏"(沪剧前身)。

上海解放后,王品根茶馆仍设有说书场。1963 年前后,南街茶馆坚持开设"莘庄书场",成为镇上日常最聚人气的地方。"莘庄书场"名声远扬,一直延续到二十世纪八十年代。

深宅大院

1949 年前,莘庄地区共有 75 家地主,其中有 68 家居住在莘庄老镇上。老镇时有 600 多户居民,地主人家占百分之十一,因此莘庄老镇被人们称为"地主窠"。这些地主人家拥有房屋 906 间,共达 7. 77 多万平方米,约为全镇居房三成以上,而且大多为高墙深宅,内内外外各具特色。

老镇街面住房大多属砖木结构的两层楼房。东街和西街的上塘房屋门面一般,但走进去实为有五六进的深宅大院。名声最响的私家宅院,东街有陆家房子、孙家房子、同康典当房子等,西街有朱家房子、张家房子、周家房子、胡家房子等,中街有沈家房子、陈家房子、金家房子、周家房子等。

乐善堂

清道光二十二年(1842),莘庄人郑廷衡等在土地庙旁设局行善,施棺收葬,施衣施药。咸丰元年(1851),在老镇西街正式修建堂屋,取名"乐善堂",并设义塾,有学生 20 多名。

同治元年(1862),乐善堂毁于太平军兵事。次年,郑廷衡等重修。同治三年,增建字藏(俗称"化字炉",集中焚烧处理字纸,激励人们好好读书)。时有田产约 6 666. 67 平方米。另在三十六保三十五图人字圩设义冢,有

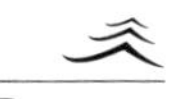

1 733.33 平方米。

民国三十四年(1945)抗战胜利后,莘庄小学在乐善堂分设四个班级,时有学生五十人。

祖师堂

莘庄祖师堂,又称“施相公庙”“别庙”,在老街西市。相传,供奉华亭人施锷(又一说为南宋杭州人施全),为治病施药惠民之神。清光绪三十二年(1906),莘庄镇商会成立,租借这里作为会所之用,就将三尊神像迁到镇南三官堂,并由商民垫款修建。清末民初,实行地方自治时,乡自治公所成立后,在这里设办公场所。

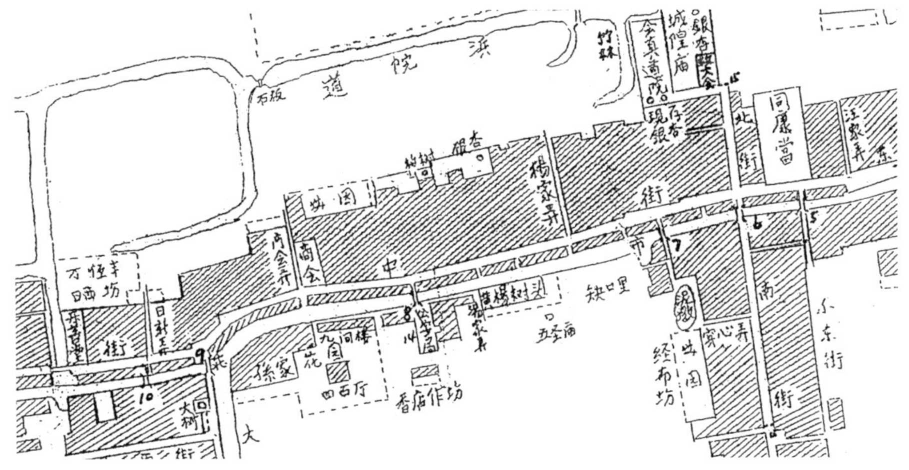

1933 年莘庄镇街市示意图

公共设施

自沪杭铁路通车并设莘庄火车站后,可由火车转运邮件,镇上的邮政通讯业务迅速兴起。1914 年 4 月 1 日,在东街 131 号设立三等邮局,对外办理邮寄信件、普通包裹、汇款、存簿储金等业务,还兼管七宝邮政代办所。1930

年，莘庄邮局由三等局升为二等甲级局，迁至南街 99 号。

1924 年，镇西市梢的利生碾米厂以 600 银元购进一台 8 千瓦直流发电机，以其作为机器动力，晚上向附近部分居民供应照明用电。1935 年，诸商人募股法币 1 万元在中街 264 号创办兴市电气公司，电源来自上海华商电气公司，线路由颛桥接至莘庄。

1931 年，松江城乡电话交换所在莘庄西街的管源和花行装置手摇电话机，线路由新桥接至莘庄，与松江、泗泾、七宝、新桥诸城镇都可通话。电话由花行委人负责，并带传呼服务。1933 年，松江电报电话局利用交通部在铁路边沿设电话线，在管源和花行内增设手摇电话机，曾与无锡等地通过长途电话。1946 年，莘庄邮局开始办理少量来信邮转电报。

同康典当

若问老莘庄人，你对以前镇上的哪一幢老房子印象最深？也许大多会回答：除了自家居住过的老屋外，可数老镇东街 111 至 135 号“同康典当房子”为最。

这幢大宅院俗称“典当房子”或“典当里”，建于清同治年初太平军兵事平息后。典铺宅院为徽派建筑，周围风火高墙高达 13 米，东至西 13 间门面，南北进深两埭，占地 3 000 平方米。宅院里外有两道石库门，大门包着的铁皮厚 10 厘米。屋大墙坚，门宽窗小。天井铺石板，宽敞又爽亮。大厅方砖地，可容数百人。二楼用于贮藏，大小房间成套严密。后院连锁小屋，设备齐全。出后门可通向北街栅口外。另有一条窄长又曲折多回的夹弄通道，应急逃生时可直达后门。门外近处挖有一池塘，常年蓄水以备消防急用。围墙西北角上建有更楼，古式荷叶墙砌成方形塔楼，高达 16 米。这是当年全镇最高、很有气派的标志性建筑物。塔楼专设三人守夜瞭望，每天晚上十时开始，每隔两小时敲鼓打更，至五更天明为止，居民夜晚均以此计时。此更楼也是为全镇百姓所关注的气象观察哨。

自清同治年初（约 1863）到二十世纪八十年代，这幢老房子的存续时间跨越近 120 年。因市政建设动迁，翻修莘庄供销社办公楼、莘庄百货大楼海星商场，先后拆除全部原有建筑。

莘庄同康典当房子

一个多世纪以来，这幢老房子经历了太多人世沧桑，发生过数不清的故事趣闻。

典质业成本虽高，然盈利丰厚。俗谚有“白吃白壮，开爿典当”。各路财主怀着“一本万利”的发财梦，把目光聚焦到地处上海近郊龙华与松江城之间的莘庄，并选址在老镇的东街。

同康典当是上海近郊大当铺之一。先是由有“四象”之称的浙江南浔邢、刘两家财主发起合资创设，委托莘庄乡董高仰山购下许姓老屋，花费白银两万七千两翻建而成。后又吸收松江、上海两地资金，共集资达五万两银，其中股东就有浦东召稼楼奚姓。相比建于光绪三年（1877）的闵行镇同源典当要早几年开业。

莘庄镇东街人烟稠密，进出方便，周围环境优于他处。镇东市梢临横沥港，水路向南直达闵行老镇，北接七宝镇。十字街口平桥堍，是四乡百姓上镇赶集必经之地。北街出栅口是一片文化区，有会真道院、城隍庙、三茅殿等古迹，以及两所学堂。周围散落着本地财主的私家别业园林。经历咸丰同治之交的战乱之后，人心思安定，时局相对稳定，这里的市面迅速繁荣。

东街上原有民房都较简陋陈旧,布局杂乱无序。同康典当的建成,无疑给莘庄镇带来了机遇。镇上绅商地主一拍即合,同意同康典当落户莘庄。

这项工程,从规划、选址、动迁到建成开业,延续了好几年。绅商们的支持和协助操作,加快了进度。收购东街原地块上残旧的瓦平房,与数百户主协商动迁,还整顿调整周边街坊和通道布局,使东街成为全镇的黄金地段。

绅商的鼎力相助也得到了回报,其子弟有不少进同康典当任职,捧起了“金饭碗”。那些勤杂工种等苦力差使,也给当地贫寒子弟提供了工作机会。总之,同康典当房子多少为本地解决了一定数量的就业岗位。同康典当的兴衰折射着社会经济发展的侧影。

典质业分三个档次:当铺(当)、代典(质)、押店(押)。清代中叶,镇上有两家“代步”,即简易押物店,一家在西街399号,另一家在西街221号。去那里抵押物品者,多是贫穷乡民。每逢青黄不接之时,贮粮有限,为求果腹,把寒服或出客衣衫、铜锡器皿等送去典押,约期赎还,需付月息。押店与当铺两者是有区别的,正如当年流行的市景竹枝词所宣传的那样:“大开当铺示期宽,编号纷呈货百般。取息时由官判定,富商得利小民安。”“纷纷押店设通衢,小本将还重利图。数月满期直迫促,受亏多半是乡愚。”

当铺是官方认可的正规字号。其硬软件,即当房建筑、内部机构设置及营运规则等都有一定的要求。陆规亮编纂的《松江文献》,收有一篇《典当业沿革考》,介绍了当年松江地区的实况。

当房:建筑非常坚固,规模也很宏大。围以高墙,防火患;设有更楼,防盗贼。靠街必石库门,内置屏风(又名遮羞牌),大书“当”字,并铭店号。厅上店堂宽敞,柜高与人齐。朝奉面向外,写票居其中。内设房间众多,有关帝厅、会客厅、账房、包房、钱房、饰房,以及厨房、柴间、灰间等。无一不备,方为合格。

当伙:等级有序,职责分明。分朝奉、中缺、小郎、账、包、钱、饰,以及厨子、更夫等。朝奉有头、二、三柜之分;中缺有写票、卷包、挂牌之分;小郎有学生一、二、三之分。循序升级,不得躐越。若无大过,不可开缺。账、包、钱、饰,各司其职。朝奉司当赎,情当误当,失职赔偿。写票、卷包、挂牌,各负专职。学生拜管仓为师,得入包房查拆包,无事不许外出。勤杂、更夫、厨子,称内缺、外缺,薪俸甚微。存箱、使佣,照例分派。账房专负对各股东分送月报之责,资产负债,一目了然。

营业时间:辰时(上午九、十点钟)开门,酉时(下午七、八点钟)闭门。

当赎规则:当息以月计。月息二分,存箱六厘。典物以十八个月为满期,但可宽限两个月,超过二十个月则止当,不得赎还。其典押物由典当方自行处置,称"卖仓",出售给"提庄"。

当年同康典当还吸收客户存款,月息八厘。这一类新兴业务,深受老百姓欢迎。镇上原有两家"代步"押店,后因无力竞争而被淘汰退出市场。同康典当成为本地金融巨头,日增月盛并深入人心。不料,1924 年 10 月 15 日晚,莘庄镇上发生了一次动乱。驻在镇上的浙卢联军一团士兵,因在齐卢之战(江浙战争)中战败,洗劫镇上沿街商铺。据说这批散兵游勇原图谋抢劫同康典当,实因典当房子墙高门坚,打不进去,才幸免一劫。这可吓怕了典当老板们,他们决定暂停营业。

半年以后,即 1925 年 4 月,同康典当加注"泰记"重新开业。南浔邢姓拉住松江张姓财主合资,充资银圆三万元。随着时局稳定,经济形势好转,业务也日见攀升,年营业额最高可达法币十万元。

十余年后,1937 年八一三事变,日寇侵犯上海,激起淞沪军民抗战,时局又遭大变。那年 10 月 28 日,日本军机狂轰滥炸莘庄镇,投弹八枚,其中两枚落在东街,一在东街 127 号,一在鑫源南货店后宅院,虽无大的伤亡,但一片惨状。同康典当股东们无奈决定停业。此后业务再也没有恢复。"同康典当"从此成为一个历史名称。

典当房子推动了周围市容环境的改善。大门临街有座跨市河的石桥,南通小东街,修建成木桥,专设栏杆,改名为"典当桥"。两侧沿街面房屋陆续翻修一新。吴、陆、孙、汪姓等都翻造了新宅院。东街路面多用长条块石铺设,整齐美观,直到十字街口平桥堍。沿街上下塘商铺有所调整,老字号纷纷落户,茶馆、饭馆、鱼肉、地货、花米行、苗猪行等大、中、小商店均有,生活必需品一应俱全。每日清晨和午后有街头集市,乡农提篮挑担或设摊出

售时鲜果蔬,本地和外客运来的各种货物,不胜枚举。届时满街人头声浪鼎沸,热闹非凡。东街及至中街,被打造成全镇最引人瞩目的黄金地段。

在此后的半个多世纪里,这典当房子为莘庄镇社会经济发展,一直起着某些有形或无形的特殊功能,而且使老莘庄人久久难以忘怀。

一是公共集会场所。全镇民众重大集会,多在北栅口外的学校大操场。若遇风雨或下雪天,“典当里”则是最理想的地点。历史上有多次在此集会,如开庆祝大会、联欢大会、批斗大会等。

二是戏剧电影演映场所。原有一处城隍庙戏台,早已风光不再。这里门禁甚严,天井、大厅宽敞明亮,正是理想的演出场子,正规剧团、草台班,都乐意在此搭台唱戏。老莘庄人几乎都有在“典当里”看戏看电影的经历。

三是教学展览办班场所。除了利用此地开各种训练班、举办展览会外,值得一提的是,1944 年,地方人士在此办过私立莘溪小学,招过两个班级,学生六十人。当时教员中有进步青年,因此这里也是中国共产党地下组织进行文化宣传的阵地。

四是军队驻守整训场所。各历史时期,无论是汪伪军、国军,还是中国人民解放军,都曾在此驻扎过。令人兴奋的是上海解放后的十几年中,镇上有十多个姑娘,就与住在“典当里”的解放军军官从相识到相恋,再到喜结良缘,传为美谈。

五是动迁户临时安置场所。莘庄镇市政建设高潮之时,这里成为动迁户的临时安置点。就此不少老莘庄人住进“典当里”,亲身体验了这幢老房子的生活环境。

东街"陆家大屋"

在老莘庄镇原东街 105 号,有一幢人称"陆家大屋"的大宅院。宅院宽有五个门面,进深四埭,采用混凝土砖木结构,四周围着花墙,极有气派,人称"陆家大屋"。大院末代主人陆钟琪,不善言辞,为人憨厚,人们戏谑称其为"阿弟哥",相传其先世是明代华亭望族。

1932 年,陆钟琪母亲为其筹办婚事,提前半年将祖屋翻修一新。因其母信奉耶稣教,新装潢吸收西洋风格颇多,超凡脱俗。陆家大屋有五开间四埭进深,设有花厅,装潢考究,设计新颖。宅内连成"走马楼",宛似"四合院"。楼板双层,上下隔音;两侧厢房,装修别具一格,落地门窗均装磨砂玻璃。大小天井,皆用彩色玻璃盖顶,既透光又避雨,地面保持干湿适度。当年参加陆阿弟婚礼者,身临其境,顿感高爽舒适,赏心悦目,赞不绝口。由此,"陆家大屋"和陆家阿弟婚宴成为莘庄镇上的一大新闻。

华亭陆氏堪称"云间族姓"之最,"云间二陆"或"华亭陆",几乎成为当年松江府的"名片"。

陆钟琪的先世是墓葬在莘庄镇南的明代隆庆朝举人陆从高。陆从高,字履安,松江望仙桥人。明隆庆四年(1570)庚午科举人。其父陆应寅也是

名宦,《重修华亭县志》卷十四载陆应寅小传:“陆应寅,字虎臣,号鹤江。居望仙桥。性至孝。嘉靖七年(1528)举人。选应天司理。有良民陷大辟,应寅白其冤,后解官。其橐金以报,正色拒之。选广东盐课提举。中途乞归,杜门却扫,以诗人自娱。卒祀乡贤祠。”

陆应寅长子陆从大,字履贞(又作阜),有隽才。嘉靖二十年(1541)进士。令福清。岁饥捐俸赈之。累升礼部主事。“更直制敕房异数也。”

五子陆从平,字履素。隆庆二年(1568)戊辰科进士。由清丰县令任思南太守。迁升两浙转运使。曾在松江城内绣衣坊原朱大韶宅居住。朱大韶也是莘庄人。清初,此宅院旧址改建为娄县署。陆从平墓葬在盘龙塘。

据乾隆《娄县志》卷十四载,陆应寅另有子陆从远,因其祔葬在松江城北二里泾,赠为广东按察副使。卷二十载有从子陆从谕,字耳宣,万历四十七年(1619)进士。授国子监博士,历任工部员外郎。晚年迁居当湖。

孙辈著名者有:

陆万钟,字符量。嘉靖四十四年(1565)进士,累官江西参政。

陆万言,字君策。用青浦籍考中万历四年(1576)举人。工书画。

陆万里,字君羽。亦善书画。此时莫是龙早逝,董其昌尚在后起,故时人称其“独步华亭”。

清初,陆氏子弟仍行进在科举仕途。陆应寅曾孙陆璘,字公叙。早年与陆亮齐名,以岁贡授广东四会知县。后以“奏销案”罢官,迁居浦南奉贤南桥。

当地百姓有口碑,陆家是书香门第、慈善人家。

相传,陆家老太太怂恿女儿信仰,也奉基督教,接受西方风习。早在民国初年,莘庄镇上设有福音堂,属松江城西门外乐恩堂管辖。最初设在西街曲尺湾“监理公会”沈省三房屋内,不久迁到中街258号。福音堂牧师为吴永文,受洗礼教徒有杨克明(居东街)、吕嗣昌(居南街)及其家属等十余人。松江乐恩堂美籍牧师步惠廉与民国元老钮永建及夫人黄梅仙是知交,所以每逢布道日,都会受邀来莘庄指导布道。一年之中以圣诞夜最为热闹。

二十世纪三四十年代，基督教在莘庄镇上较为活跃。带头人叫郭恩妹，联合几位从上海市城区嫁到莘庄的教徒开展活动，如林师母、陆师母等。1936年后，钮永建堂弟钮永曜一家迁居莘庄，其妻汪师母也是教徒，进一步推动了布道活动。后来，有位医生叫赵世怡，人称“赵小姐”，一边行医，一边传道。陆家大屋女主人同意出借临街一门面房子（原东街107号），开辟为莘庄福音堂，教唱赞美耶稣基督诗篇，宣教道义。一时熙熙攘攘，吸引群众驻足围观，也成为莘庄镇上一道令人难忘的风景线。

陆钟祺婚后未生育。在其母要求下，将胞姊所生幼女嗣为陆氏宗朓，取名“招弟”，祈盼“上帝”保佑，再赐个儿子传宗接代。

1949年后，社会大变动，人和事都发生巨变。陆钟祺先后经历老母和发妻病故，个人生活日益艰难。“陆家大屋”被政府征收，改为商业用房，要动迁另觅住处。在当地人民政府和居民委员会及亲友的帮助下，阿弟续弦组成新家庭，女儿陆静也在小学任教。一家人相依为命移居南街一处民房，直到病故。

二十世纪七十年代时，东街105号为莘庄公社机关及莘庄派出所办公用房。九十年代为了改建办公大楼，竟将这经典老屋全部拆除。

东街“孙家房子”

莘庄镇东街97号，原系小学教师唐铁花的住屋。二十世纪三十年代初，由大财主孙念祖（时任板桥乡乡长）、其姐孙宝珍购下后，全面翻造更新。沈家新宅院有五开间，进深三埭，四间厢房。除后埭为平房，其余均为二层楼房，气势夺人。屋后有菜院，围有高墙。

中街“朱家房子”

莘庄镇中街161至167号，有四个门面，原业主姓朱。1941年前后，转让给翁板桥中医师朱淡泉，他将沿街门面房出租给乾泰祥茶食店和协和馆

饭店，并将后两埭翻造成三开间楼房。然而，朱家迁入新楼后，听见家中梁柱时常发出爆裂声，联想到后面即是会真道院火神殿旧址，不由疑神疑鬼，居住不到一年就迁往南街，而此楼长期空关着。

1950 年，朱家楼房归公后，朝北开门口。后来，改作莘庄公社卫生院，为莘建路 108 号。

中街“张家房子”

1925 年，西河浜大户张虞赓为子孙购置莘庄镇中街 187 号房屋及地基，翻建新宅院。新宅院很大，五开间门面，进深四埭，大小房屋有一百多间。前二埭楼房出租汪鼎昌茶食店和福隆兴煤油经销总店，穿过走廊和仪门，后二埭张家自用，有天井、正厅（一统三间）、东西厢房。楼梯设在厅堂中央，楼上均为寝室，楼下配有服装间、休息室等，后有厨房、柴间、粮库、猪舍等，有木桥跨过护宅小河，可直达道院浜畔的“后花园”。

1950 年，张家楼房归公后，宅院前半部分开设日用品商店，后半部分交县人民武装部作为办公用房。

中街“沈家房子”

莘庄镇中街 203 号，原先业主是钱学思，清光绪年间开设涵春堂药店。因钱氏不务正业导致药店倒闭，后来索性开设为赌场烟馆。西乡姚家角沈安甫热衷此道，常来作乐。钱氏时常向其借债，结果积成巨款，只得将房产转让给沈安甫。

民国初期，沈安甫拆除旧屋，全面翻建为二层楼房。沿街五开间门面房出租开店，有围墙相隔。新楼有一客堂两次间，两侧厢房，楼前天井如小广场，外立面采用圆拱形券门，曲槛回廊，厅堂高敞，中西合璧。楼房后有花园。1919 至 1929 年，沈安甫在家里开办私塾，延请塾师授课，有学生十多名。

沈家房子原貌

1937年抗日战争全面爆发后,沈氏全家躲到上海城里避难,这里成了侵华日军长岛部队驻地,还开设了“慰安所”。

1946年,沈家人返回莘庄,见宅院遭受破坏,还开过妓院,就动工重新全面翻建。新楼翻建不久,上海就解放了。

1950年以后,这里成为莘庄镇政府机关办公用房。

1997年,在房地产开发热潮兴起时,这里率先被全部拆除,改建为某公司的办公楼。

中街“陈家房子”

莘庄镇中街217及219号“陈家房子”,虽只有二开间门面,进深却有三埭楼房及两埭平房,门面房出租给理发店,对门沿市河又建两间平房,出租给茶馆店。陈家大少爷陈伯康生怕茶馆聚众赌博,特意出资辟出半间悬“畅叙幽情”匾额,内设民族乐器,供茶客娱乐享用,因此成为镇上丝竹清音爱好者聚会场所。1950年,楼房归公后,辟为本镇公共文化场所。

中街“金家房子”

莘庄镇中街249号“金家房子”，是本镇超级大户人家，清末民初时这里分东西两房。沿街门面房出租给宏大棉布店和养生堂药店，东邻同吉祥南货店，形成本镇热闹地段之一。养生堂药店后面，为金家“保翼堂”大厅，始建于明代，宽有五开间门面，为本镇传统建筑之最。按传统风水理论，“金家祠堂”建在老屋东南方向的南街上。清宣统三年(1911)，金家东房翻建了四埭楼房和一埭平房。

中街“周家房子”

莘庄镇中街263号“周家房子”，原为包国良宅院，由江苏吴县东山镇周三兴率家眷前来购房定居。1929年，周三兴修理沿街门面房屋，翻建三开间五埭新屋以及最里面的两间横屋。新屋设精致的仪门头，上书“汝南世泽”，正厅设落地长窗，配五色玻璃，前有雨阀，后有围堂。第三、四埭均为楼房，两侧是“抛厢式”楼房。后客堂悬“敬德堂”匾额，建“走马楼”，护栏是定制的生铁花板，均显“敬德堂周”字样。天井内，上设玻璃天幔，下铺花色瓷砖，好似溜冰场。楼后横屋边，有一棵古柏树，高有12米，直径1.67米，为宅院最初的主人所植，树龄至少已有300年。

南街金家祠堂轶闻

在莘庄镇南街中段,曾有一处类似民宅的"金家祠堂"。这座晚清建筑大有来历。

据老莘庄人记忆,有关"金家祠堂"的传说和人物故事不少。金家祠堂始建于清道光年间,建筑坐东面西,四进楼房,宅内有五间门面。前埭沿南街,墙门简屋,正中大门,上端嵌壁的"金家祠堂"四个大字非常醒目。穿越敞亮天井,为后埭正堂屋,名为"保翼堂"。庄严的厅堂正中有座大神龛,供奉金家祖先牌位。龛顶悬有匾额,鎏金镶边蓝底色,上书四个黑色大字"七叶衍祥",相传是道光皇帝亲笔御书。神龛左右两侧,竖着一副长联:

诚励家风　乃可敬亲睦族
克遵祖训　方为孝子贤孙

金氏家族曾是华亭县望族,明代中叶起陆续聚居莘庄地区。镇上金姓居民向有"西金"和"东金"的分支。西南角有一地名金家塘(今青春村),有座建于明嘉靖年间的土地神庙——陆昌庙,清嘉庆十三年(1808)秋重建扩容,树立有《重修陆昌庙记》碑刻及刻石,载各图分修房屋捐输姓氏十二行。其碑记书篆者署名"莘溪金开泰",是莘庄金氏族人。

金家祠堂,清末的《松江府志》《华亭县志》未见记载。而松江文化名人闵萃祥所撰《重修华亭县志拾补校讹》中列出“杂志 · 轶事”条:“国朝莘庄金鸣皋,有子二人、孙三人、元孙二人。道光十三年(1833),鸣皋八十三。举人施有容等以其五世同堂事实闻于官。林文忠公题请旌表。”

这段拾补文字,为“金家祠堂”的由来提供了可靠线索。明中叶以后,随着朝廷对祭祖礼制不断改革和扩容,宗族形态日益完善,清初时宗祠和家祠更进一步普遍化。雍正、乾隆时,特开“旌表义门”先例,提倡为“义门”树碑立传,作为实现教化的一种形式。所谓“义门”,指同居共财的大家庭,家长以孝治家,全家人以义和睦相处。“义门”分为两类:累世同居(六世以上)和五世同堂。

金鸣皋家庭被朝廷“旌表义门”,是由举人施有容等推荐的。其具体过程和事实是怎样的呢?这还得从施有容其人其事和施、金两家的关系说起。

施有容,号晓白。清乾隆五十九年(1794)考取秀才,嘉庆十三年(1808)中娄县籍举人。相传,其先祖自浦东闸港移居松江城,住在城西东亭桥。为人急公仗义,傲睨流辈,好奖挟后进。闸港施姓本是华亭望族,清初出了两名进士,施氏子弟极受振奋。尤其是施维翰(1622—1684),顺治五年(1648)中举人,九年(1652)殿试三甲三十七名。历任临江府推官、监察御史、山东巡抚、浙江总督。殁于福建总督任上,谥“清惠”。松江府推重其为乡贤,特在府试院东姚家巷内,于康熙二十二年(1683)设专祠,人称“施清惠祠”。另一名进士施润,乾隆三十三年(1768)中举人,三十七年(1772)殿试三甲六十七名,出任凤阳府教授。榜样的力量是无穷的,施氏子弟均以为楷模博取科名。

施有容怎么会与莘庄人结缘呢?这也有一段故事。莘庄是松江府华亭县三十六保的重镇,松江城内大户人家都愿在这里置地产,建别业,设墓园。据说施氏宗族有一支家族,在莘庄镇东北角横沥港的东岸,购得一片土地建墓园,人称“施家坟园”。作为施氏族人,施有容常随长辈到莘庄扫墓祭祖,对莘庄周边的环境和人文历史逐渐感到亲切。

正巧有莘庄人金鸣皋的族弟金鸣盛,于嘉庆二年(1797)考取华亭县学秀才,结识了施有容,颇为相知。嘉庆年间,金氏子弟先后考中秀才者不少,如嘉庆五年(1800)金逢春、金以楷,嘉庆七年(1802)金锷,嘉庆十三年(1808)金一清等。所以,施有容很喜欢与金氏子弟来往。

施有容了解到莘庄镇上有一个同居共财、和睦相处的大家族,家主金鸣皋是位德高望重的长者,不胜感慨。道光十三年(1833),金鸣皋八十三岁,五世同堂。施有容建议联名向华亭县推荐"旌表义门"。当时华亭知县张庆瑗(字新溪),刚升任县官,有意促成,即向江苏巡抚林则徐呈报,提请朝廷旌表。

从呈报申请到落实批准,几经周折,时隔多年。江苏巡抚林则徐升任两广总督,后为钦差大臣查办禁烟。金鸣皋家中又添丁进口,已是七世同堂。林则徐悉此事,认为罕见,上奏朝廷,道光皇帝也引以为祥瑞,批准建祠,并亲书"七叶衍祥"赐匾额、赠银两。

金家祠堂为何建在莘庄镇南街?为何其规模不大类似民宅呢?这是由朝廷制定的祭祖礼制所定,不可逾越。设家庙祭祖是封建士大夫特权,普通世俗庶民只能在家中设家祭。金鸣皋家庭虽是累世同居七世同堂,但仍是一介布衣。当年,金鸣皋一家住在莘庄镇西街249号,所以在宅院之东南,即南街中段,建成类似民宅的祠堂,设神龛供奉祖先。莘庄"金家祠堂"确实是一则特例。清光绪《重修华亭县志》未见记载,也许是此事经过较为曲折,不易讲清楚,所以没有收录。幸有像闵萃祥这样的有心人,拾补轶事,提供了可靠线索。

金家与施家就此由知己成为姻亲。

金家祠堂经历百年沧桑,后终遭废弃。1949年前,因其与胡冠军开设的中南旅社毗邻,祠堂天井被人看中做草台班演出场子。当年居住在南街演唱申曲的阿良,几次组织一些戏班前来登场演唱,一时热闹非凡。1949年后,祠堂房屋由镇房管所改造为居民住房,厅堂作为农会和生产队用房。匾额和楹联等在"文化大革命"中被毁。

私营华南农场

南京人说，“法国梧桐”是南京城的灵魂。1929 至 1936 年，南京建设中山陵园时，沿主干道两旁广植“法国梧桐”，十分壮观，随之成为城市符号。今人大多不知道，南京这数万株“法国梧桐”的树苗来自上海莘庄，并非来自法国，也并非梧桐，其学名为“二球悬铃木”，最初引种在上海法租界，因此得名。

1924 年，七宝人张维城（1894—1941，又名维仁，字廷珍，号子城，民国政府外交家）、宋廷模（1895—1983，后改名宋时杰，时任江苏省立第一造林场场长）以及王正廷（1882—1961，字儒堂，浙江奉化人，民国政府外交家）等十多人集股在莘庄横沥港东、沪杭铁路北侧创建“私营华南农场”，并聘请浙江人吴叔度担任农场工程师，负责进口树苗的培育技术。

华南农场一景

华南农场占地近2万平方米，按地势划分为东、中、西3个园区，用稀眼竹篱（本地人称其为“老虎笆”）相隔，中有天然水池，植水莲等水生植物。其经营业务以培育和出售行道树苗、果树、花卉为主，树苗种类有法国梧桐、美国白杨、重阳木、乌桕、枳椇、榉、榆等，以法国梧桐为主，果树苗以桃、梅为多，也种除虫菊、菖兰、西瓜、番茄、草花等，饲养蜜蜂十多箱。农场内所有苗木均由技术人员采用芽接法繁殖，成活率达九成以上，比枝接、接穗成本节减尤多。桃树来自龙华桃园，品种称优。上海德商爱礼司洋行将此作为肥田粉试验场。

1932年12月莘庄华南农场留影

著名森林生态学家、森林地理学家吴中伦（1913—1995，字季次，浙江诸暨人），为了谋生，十二岁就进入私营华南农场当练习生，主要从事树木嫁接、扦插、采种和育苗等工作，从此对园艺和育苗产生浓厚的兴趣，同中国林业结下了不解之缘。

1929年第51期《农矿通讯》刊《莘庄华南农场报告芽接果苗竣事》称：“所接品种有上海水蜜桃、上海白芒红芒蟠桃、玉露桃、杭州大梅、雪梅等种，成绩甚佳，接活成数在百分之九十以上。”为普及相关知识，华南农场编印了《果树花卉浅说》，向各界赠送。

农场出售的苗木主要依靠火车运往各地，南京、上海市内的大量行道树苗皆由这里提供。据说，当年南京城内的法国梧桐树苗大多是由华南农场提供的。1929至1936年，宋廷模受聘参与中山陵园和中央陆军军官学校校园设计，华南农场自然而然地成为中山陵园引进苗木的主要供应商，因此在南京享有盛名。当时，铁路局备有专车输送中山陵园所需苗木，由莘庄火车站直放南京。

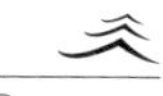

1937年抗日战争全面爆发后，各地市政建设被迫停工，华南农场因苗木断了销路，只得关闭。后来，这里的土地转让给了莘庄镇上项姓商人。

种植在南京的"法国梧桐"今已成为参天大树

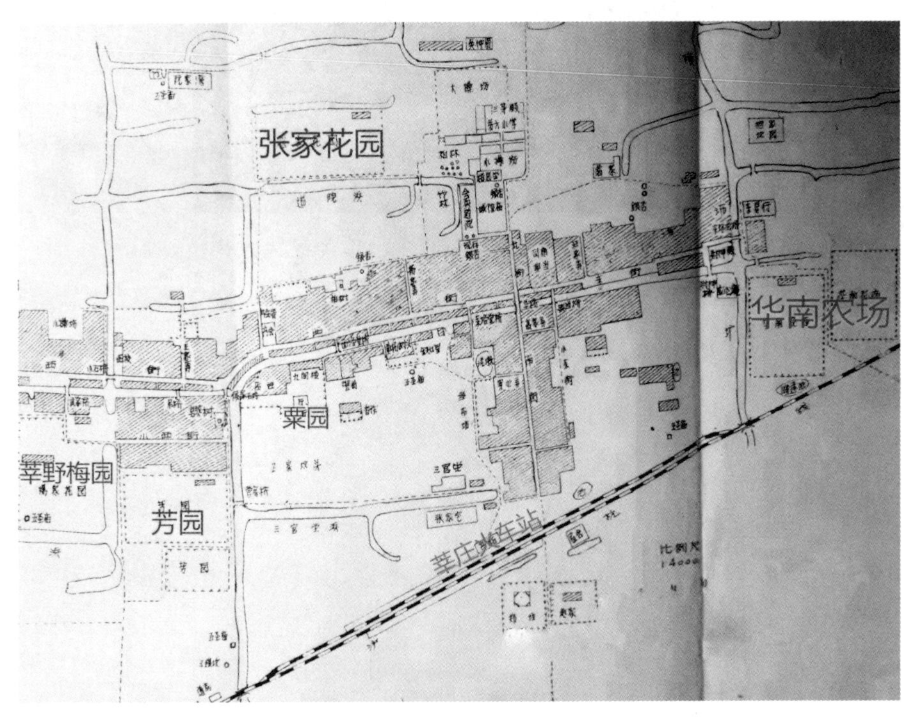

二十世纪三十年代莘庄镇区农场花园分布图

“粟园”名噪一时

清末民初，七宝镇富商孙翰青在莘庄镇大富浜东侧“卫家坟头”（今莘庄中学西部）建造了一所私家花园，取名“粟园”。“粟园”占地将近 4 000 平方米，西北角为孙家住宅楼，北面是厨房和小屋，俗称“九间楼”，北靠莘溪河，一弯驳岸，颇具气势。园门设在东南角，三面围有竹篱笆。花园内布置幽雅，建有四面厅、六角茅亭、花坛、花房等楼台榭阁，中西合璧。园中遍种花木、果树，杂以松柏、冬青以及秋菊、山茶、月季等，相映成趣。因此“粟园”名声远扬，成为莘庄镇上的一处知名胜地。

至 1937 年时，孙氏家道衰败，只得将其住宅偏屋分租他人。历经抗战风云，“粟园”日趋荒废，遂致湮没，唯有“九间楼”一直保留到二十世纪七十年代市政大动迁时才拆除。

“芳园”好景不长

1924 年，上海滩英国人卜内门所办洋行买办董体芳（浙江宁波人）在莘庄镇南大富浜西面，购买农田 1.5 万余平方米，建造成一座桃园，取名“芳园”。园门面东，门楣匾额棕底蓝字，由沪上名流王震（1867—1938，字一亭）题额，引人注目。桃园四周围有高高的稀眼竹篱，四角竖有“黄体记界”石碑，共有八块。建有茅亭两座，内置石桌石凳。东北部有房屋三间。

“芳园”分南北两部分，兼做上海肇丰洋行“九牛二虎”肥田粉公司试验基地。园内植桃千株，分南京桃、红桃、蟠桃、水蜜桃等，尤以水蜜桃居多。每年水蜜桃成熟，采摘后由上海永安公司包销，号称“芳园水蜜桃”。唯有少量“烂桃子”在园门口出售给本地人享用。1927 年园内产桃 1 万斤，次年增至 1.5 万斤。

不久，“芳园”又向南扩建。但十年后，董体芳在金融交易所投机失败，“芳园”资产被银行接收了。后来，园内桃树被毁，恢复为农田。

“杨家花园”暗香浮动

1930 年，松江县泗泾镇的杨昌言向莘庄镇陆钟琪租用小西街郁家浜 11 万平方米的临河滩地，建园种植食用果梅二百多株，初名“莘野农场”，又称“果梅园”，因无定名，本地俗称“杨家花园”。

园主改河为湖，以竹篱为垣，临水筑园。园东、南两面由郁家浜环绕，西面和北面筑有竹篱，篱内密植枸橘藜，荆棘丛生，和竹篱组成双重围墙。园内北部有三间正屋，一座“半亭式”四方亭子和正屋南壁相连，亭子三面装有玻璃长窗。亭前建有砖砌甬道，两旁相间种植龙柏和紫薇花，甬道南端花坛内种有一株法国名贵罗松，叶似铁树，对节生枝，分层迭次（后毁于 1954 年连日暴雨）。

杨昌言曾随南京中山陵园设计师宋廷模（七宝镇人）在中山陵担任绿化养护管理员，因此掌握植梅技艺，将梅树整修得矮而宽，中间空心，呈盆状，四周枝条伸展均匀，花谢后硕果累累。另有桃树、雪松、柏树、白杨、梧桐、冬青等，星罗棋布，相映成趣。

当时，园内植有两株双碧垂枝绿萼梅，为梅中珍品。然而，主人仅邀贵客雅士入园赏梅，独领风骚，而世人只闻暗香浮动，难见其身。

1943 年，“杨家花园”被侵华日军占用，抗日战争胜利后又被国民党政府特工部门占用。1951 年，土地改革时由人民政府接管。1952 年，改建为莘庄公园。

“张家花园”扩建为县政府大院

1925 年，西河浜大户张虞赓（1858—1933，字愚耕）在莘庄镇中街 187 号建造新宅院，又在新宅院百米外的道院浜边建造“后花园”，并专建一座三块木桥相连接。张氏一心为子孙谋福，并不张扬财富，因此园无专名，也不对外开放，本地人称其为“张家花园”。此园占地约 1.3 万平方米，北面有小浜护园，其余三面围有竹篱，园门设在东南角。园内有正屋三间，小屋两间，竹园一个，孝娘竹一丛，大雪松一棵，还有龙柏、蟠桃、红枫、乌臼、枫杨等名贵树木，但花卉只有美人蕉和牡丹。后来，在西部扩建了一批花木。园中最显眼的是打网球的水泥场地，专供长孙张守先等子孙休闲、健身之用。

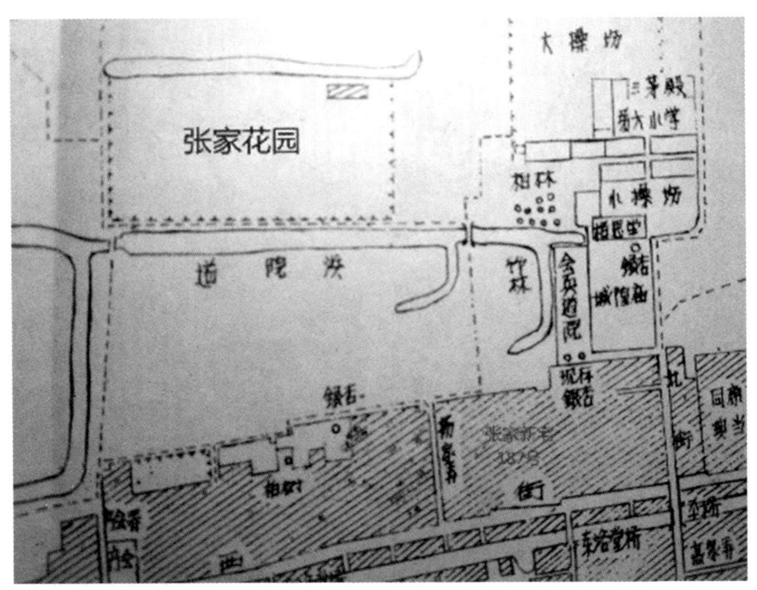

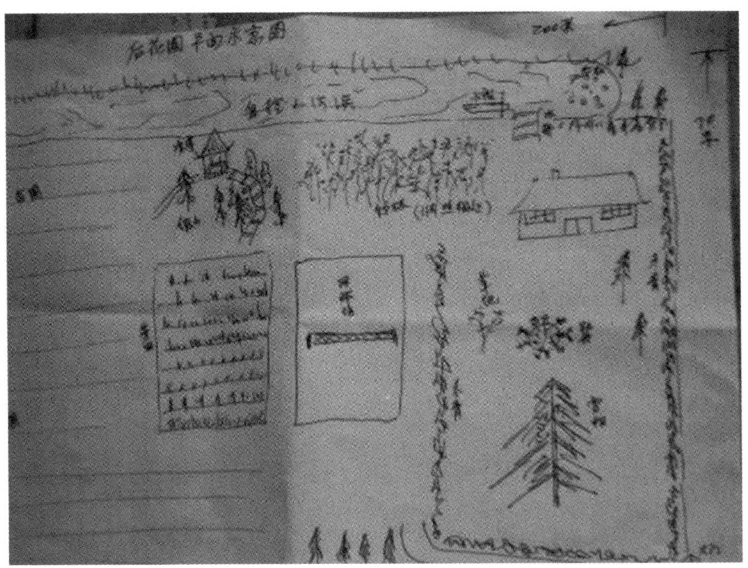

张氏后人手绘花园布局图

1934 年,告老返回七宝镇的外交家张维城在“张家花园”西侧建设苗圃,占地 1.4 万余平方米。

上海解放后,这里的一切归公。据《上海园林志》记载: 1952 年,上海市人民政府工务局在莘庄镇道院浜地区建上海第九苗圃(原莘庄苗圃),面积 2.27 万平方米。

1958 年,上海市建设闵行工业卫星城,并计划将上海县治迁到莘庄地区。于是,上海市规划院规划辟建漕河泾经莘庄至颛桥之间新路段。市政府决定投资 1 100 万元大规模改造沪闵路。

1959 年,沪闵路通达莘庄,徐闵公交线开通。莘庄镇的区位一夜之间得到极大的提升。

同时,在张家花园旧址等处大兴土木,建造上海县政府办公大楼以及县委党校大院。楼前辟建莘建路,院后辟建莘松路。张家花园就此消失,只留下一棵大雪松。

1960 年 12 月,上海县县委和县人民政府从闵行迁至莘庄镇,当地市政建设迅速地得以长足发展。莘庄镇就此成为区域政治、文化中心。

1992 年 10 月,新的闵行区建立后,这里被大规模改建为号称“东苑世纪名门”的住宅区,可惜历史遗迹就此尽失。

莘庄赏梅习俗

私家梅园变公园

1951年7月,上海市人民政府批准市工务局园场管理处接管私家“莘野梅园”(俗称“杨家花园”)后,派来九名园艺师,投资进行全面的园林改造,铺设草皮,修筑石皮路,扩建荷花池,栽植一批牡丹、紫薇、丹桂等花木,园门由向北改为向东。1952年,定名为“莘庄公园”,对外开放。

二十世纪五十年代的莘庄公园

当时，公园内植有梅树250多株。每逢初春时节，园内红白成林，人称“小香雪海”，成为上海地区稀有的赏梅胜地。莘庄镇为迎接各地赏梅游客，特意将通往公园的破旧的小西街整修一新。1955年6月，镇政府还在公园内办起了莘庄人民图书馆，吸引市民前去休闲和游玩。上海城区市民若乘坐火车前来赏梅，当天就可以赶个来回。因此，在上海报刊宣传鼓动下，前来观赏者年年如潮，轰动了四面八方。

梅园盛景跃上银幕

1955年，上海电影制片厂拍摄根据巴金名著“激流三部曲”之一改编、由张瑞芳、孙道临主演的故事影片《家》。摄制组慕名到莘庄公园选景，在此拍摄了“丫鬟鸣凤（王丹凤饰）与三少爷觉慧（张辉饰）梅园抒情”和“鸣凤投湖前夜走梅园”等重要情节。

电影《家》在梅园取景

1956年，故事影片《家》公映后，“莘庄梅园盛景”随着电影明星的精彩表演一起轰动八方，莘庄公园由此声名鹊起。每年春二月，各地赏梅者蜂拥而至，莘庄人引以为自豪，养成了届时必到公园赏梅的习俗。

“文化大革命”结束后,《家》作为最早解禁的故事影片在全国恢复公映,再次引起社会轰动,莘庄梅园随之成为上海市民关注的赏梅胜地,莘庄人更是因此而自豪。

1979 年,上海电影制片厂拍摄故事影片《于无声处》时,再次到莘庄公园的梅园取景,采用了长达 2 分多钟“梅园定情”的画面,莘庄梅园盛景再次吸引世人眼球。

电影《于无声处》剧照

平时,园内清静幽雅,是中老年人放松清净的好地方,也是年轻情侣们的约会首选地。

莘庄绿梅名传天下

1992 年 2 月,上海中国画院院长程十发与王汝刚等上海文艺界著名人士兴致勃勃地赶到莘庄公园赏梅。尽管春雨绵绵,他们却围着绿梅久久不愿离去。

赏梅之后,程十发即以绿梅开笔,为纪念上海县建县七百周年特作《绿梅图》,并题诗云:

程十发、王汝刚等在莘庄公园赏梅

绿萼梅花何处寻，
莘庄古镇近溪邨。
建城七百年过去，
唯有今朝万木春。

经媒体报道和游客口碑，莘庄绿梅日益名传天下。莘庄公园就此成了上海人赏梅的首选之地。

精心艺梅繁花盛开

从二十世纪九十年代末开始，莘庄公园每年举办梅花展览。同时，为突出园内梅树栽培的艺术性，公园管理者围绕排浇水、修剪及防病治虫三个环节精心养护，并持续进行调整，更新复壮老梅树，提高观赏效果。

2002 年初春，中国工程院院士、梅花泰斗陈俊愉到莘庄公园实地考察后，当场评价："莘庄公园梅花的栽培养护和管理做得好，在江南乃至全国可算突出的。"

为了满足赏梅者需要，公园不断丰富梅花品种。2004 年，公园完成强化中国

传统园林特色的扩建工程,使新园与老园相呼应,形成赏梅休闲娱乐新天地。

莘庄公园是上海地区连续栽培梅花历史最悠久、老梅园保持最完整的公园。园内共计种植4 830株各种梅花,包括朱砂梅243株,绿萼梅19株,宫粉梅43株,江梅59株等,十大品种群,总共占地2万平方米。主要展示品种有双碧垂枝、素白台阁、金钱绿萼、乌羽玉等。园中的梅园是展出盆景最多的地方,有300多盆。

另外,园内的古树名木引人关注,现有百年香樟1株(1748号)、百年龙柏8株、百年雪松2株、百年黑松1株。

莘庄公园1748号百年香樟

赏梅习俗陶冶民风

不经彻骨冰霜苦,哪得梅花分外香。莘庄公园成为声名远扬的赏梅胜地,自2008年起每年参加梅花展活动的游客达一百万人次。

每逢早春二月、乍暖乍寒时,满园蜡梅怒放,花吐胭脂,白雪压枝,香欺兰蕙,令人陶醉。园东的双碧垂枝绿萼梅,因花期较晚,是每年赏梅活动的压轴戏。园内品种丰富,花期不一,要品赏到各种珍品的盛花期需几度赶场,因此赏梅"达人"几乎每周必到。梅讯自然不胫而走,人们自会不约而至。届时,莘庄公园自然成了老友相会、亲朋团聚、集体春游、怀旧追忆的好地方。人们喜爱用自己的方式品赏梅花的色、香、形、韵,有的用写生或摄影的方式忠实记录梅的风采,有的借助放大镜细看花瓣花蕊的神韵,有的踏青游园感受群梅竞放的氛围,也有的偏爱寻奇探珍拓展自己的所见所闻,更多的人则争相留影,陶醉于梅园的诗情画意。梅园的美景,梅花的风韵,令赏梅人必有所思所悟,情不自禁地感叹不已,生发出许多来自心头的歌、舞、诗、文、书、画。天天有众多戏曲、歌舞、书画爱好者,聚集在公园的亭廊之内,自娱娱人,抒发情感。即使过了花讯期,人们还会经常步入梅园,观赏梅花枝条的形态,在梅林旁边下棋、品茶、聊天,回想当初赏梅的美妙情景,眼前好似花开枝头,暗香飘荡。

莘庄公园赏梅

莘庄赏梅习俗的流行,使人们愉悦身心,满足审美,陶冶情操,促进沟通。

再建一个姐妹园

每逢赏梅期间，莘庄公园人满为患。为了分流赏梅人潮，决定在莘庄地铁南广场虹莘路 688 号，新建一个“莘庄梅园”，作为莘庄公园的姐妹园。2014 年底公园开工建设，2015 年 12 月竣工。

新建的“莘庄梅园”面积约 10 万平方米，三倍于莘庄公园。梅花特色景观，形成疏影湖、梅仙岛、暗香亭、梅花栽培园、梅苑、鹤放榭、雨水花园实验区等主要景点，园内还建有亲水平台、亭廊、广场、茶室、步道等配套设施。

为了更好地传承莘庄梅花特色，园内引入 11 个地栽品种群，约 1 千株，并从莘庄公园迁来 185 盆游龙梅等盆栽品种，从而形成集梅花研究、栽培、观赏为一体的专类特色园。梅园的雨水收集系统完备，是上海“海绵城市”首个试点公园。

2022 年 2 月 19 日，首届莘庄梅花节在莘庄梅园开幕

水蜜桃

著名地方特产上海水蜜桃的产区，在一百多年前主要集中在龙华一带，人称“龙华水蜜桃”“龙华蟠桃”，有“白芒”“撒花红”等优良品种。1929年出版的《龙华桃》谈及，龙华水蜜桃的最高市价曾达每斤一个银元。后来，其产区逐渐向西南的长桥、华泾和莘庄等地区延伸。抗日战争期间，龙华一带的桃林多为日军炮火所毁，致使龙华水蜜桃无法形成量产，突然销声匿迹。

1924年，莘庄大富浜畔建有“芳园”，以种植水蜜桃著称。

民国时期，莘庄又有“南华园”“树基园”等著名的桃园。1936年出版的《民国上海县志》记载：南华园，在莘庄镇二十一三十一图，1923年由刘东海、吴耀生创办，种植特种水蜜桃及除虫菊，占地1 333.33平方米。树基园，在二十一三十一图，1923年由吴树基创办，专植特种水蜜桃，面积2 666.67平方米。

陆昌庙曾有盛产龙华水蜜桃的佳话。

香　柑

清乾隆年间,黄霆(字橘洲,号雷门,金山人)《松江竹枝词》称“莘庄出柑橘味极甘”,诗云:

吴淞江水变琉璃,新制羊裘暖雪肌。
郎爱莘庄柑味好,花糕回赠可相宜。

光绪《松江府志续志》记载:“柑,有香柑,一种出莘庄,曰干柑,味甘无汁,以刀刮食之。一种小而圆如豆,俗呼金豆,小而稍长,曰金柑,稍长大如弹丸者,曰弹柑,又名罗浮柑。”

竹　器

二十世纪二十年代上海申曲名家丁少兰编唱的《游码头》,有一句唱词为“经车篮汰出莘庄”。

当年,莘庄西街沈家洗帚店,专制篮、汰及洗帚等竹器,产品有提篮、“投河汰”(有提攀的篮)、篾青方篮(俗称“面筋篮”)。西街汪家篾作店精制篾席。唐家竹匠店专制农业用具,产品有草篮、畚箕等。唐连生师傅做的簏头,选料好,编的眼头紧密适当。南街陆阿照扎的竹筘(织土布穿经纱用),精工细作。另有苏北妇女做撤篚箕的竹丝刷帚,名叫“撤帚”,畅销泗泾、七宝等邻镇,批销给上海老城隍庙商场。

黄金瓜

黄金瓜是上海西南农村甜瓜中的特色品种,有老虎黄和散金黄两种,主要产于莘庄镇东吴村、莘北村、明星村和七宝镇中华、联明村。

黄金瓜在雌花未开时，小瓜上就有深浅两种绿色，待到长大后，深色成黄色，浅色成白色，黄白相间各有十条，人称“十条筋”（十条金）。

7月初交小暑前后，黄金瓜成熟并开始采摘。大暑过后，瓜藤逐渐凋零，尚未成熟的“青瓜头”可盐腌晾晒成瓜干，做“吃粥菜”。

浜　瓜

浜瓜是消暑佳品，浦东产地在三林塘一带，浦西产地在莘庄地区的乡村。二十世纪二三十年代，上海十六铺协茂水果行标有“莘庄浜瓜”的牌价。此瓜种籽来自日本，因此俗称“东洋西瓜”。瓜呈长圆形，较马铃瓜为小，中部膨大，皮色淡翠绿，黄瓤红籽，皮薄易裂，因此得名为浜（崩）瓜。浜瓜成熟时，有四五斤重，个儿不大，味甜而爽。

荷包豆腐干

荷包豆腐干，用豆浆装在草制小荷包里压制而成。莘庄镇上的豆腐店大多有所供应，而西街285号吴源泰豆腐店专门生产荷包豆腐干，用酱油加茴香、桂皮等料烧成，色黑而香，味鲜质坚，为佐餐佳肴。因此人称“黑作店”的吴源泰豆腐店，远近闻名。

莼种蜜蜂

1916年，陈宗源在莘庄地区创办“莼种园养蜂场”。其蜂种为意大利产，1916年从美国定购6箱，送到莘庄仅剩4箱。而发展到1928年已分有360余箱，其中土蜂亦有十余箱。

莼种园养蜂场以出卖蜂种为主，酿蜜为附属品。莘庄为第一分场，浙江嘉兴濮院为第二分场，泰兴县为第三分场，杭州塘栖为第四分场。每分场固定饲养十余箱，其余均视各地植物的开花期而转地饲养。春季运至莘庄，这

里有芸苔、紫云英等花可采。夏季则移至濮院，秋季运至泰兴，冬季则运至塘栖。意大利种春季所产之蜜，每桶约 40 斤。蜂种出售，每箱 15 元（每箱 5 筐）。蜂之繁殖，每年平均为原蜜蜂数量的 1—3 倍。

三名赴日本留学生在莘庄创办的南华养蜂场（1932 年）

近代莘庄棉布业掠影

明清时期,莘庄地区盛行家庭纺织,自制棉布(俗称“土布”“老布”)。街巷邻里,纺车声和机杼声隔户相闻。从七八岁的女孩,到五六十岁的老妪,都能操其业,一般日织白布一匹,熟练的能达两匹,不少家庭赖以为生。本地所产棉布阔狭有别,阔的为“东稀布”,狭的为“西稀布”,均供出售称“卖头布”,而经纱在筘上间隔一条的“单筘稀”自用不出售。还有白布和花布两大类。花布是经纱染蓝色或间隔加深色纱,织成条纹;还有纬纱间隔加深色纱,织成方格布,花式繁多。乡民要出售“卖头布”,全靠专事经营棉布交易的“布庄”“坐商”“行商”“牙行”“标客”等,多方联手才能形成地方棉布产业。随之,莘庄镇上布庄(棉布店)越开越多,产销渠道顺畅,棉布业成为地方经济支柱。

清道光二十六年(1846)起,上海滩洋布洋纱盛行,售价与土布相当而门幅宽三倍。本地棉布产销业受冲击,集镇土布市场急剧萎缩,各家布庄和乡村织布农户处境越来越艰难,但依然奋斗不懈。

二十世纪初,莘庄镇上仍有六七家布庄,一天可收进土布两千余匹,“东稀布”远销到广东省,“西稀布”远销到山西、辽宁、浙江等省。

同时,古老的棉布染色技艺不断提高,镇上染坊的生意更加兴隆,陆续又兴起创办轧花作坊,形成采棉、轧花、纺纱、染色、织布、销售等一条龙,分

工细致，使沪郊的纺织业生产走向专业化。所谓“轧花行”，即在当地收购籽棉后，利用机器轧去棉籽成为“皮棉”，再按照不同品种、等级打成棉包，运销上海花衣行。初用木制手工轧花机，再用铁制“脚踏轧花车”，每台每天可加工 20 千克，后改用“牛打轧花车”。光绪十三年（1887），莘庄“轧花行”改建生产场所，率先购置上海张万祥锡记铁工厂仿造的日本式轧（棉）花车，有效提高了生产力。

清末，张莲洲在莘庄镇十字街口会龙桥（俗称“平桥”）堍经营祖传的张泰兴染坊。李永兴染坊伙计杨守知（先人在镇上开设仁本布庄）入赘张家后改张姓，接手经营张泰兴染坊。民国十三年（1924），张家在染坊南面增开“丰泰兴棉布店”，设有三个门面，因地处平桥堍南街口，初开张时生意不错。布庄收购白布，由染坊染成色布，向南销到浙江金华、兰溪，向北销到华北、东北，因业务量扩大，繁忙时雇用四十多人。不久，偏偏遭遇军阀“江浙之战”。10 月 15 日晚，浙卢联军一团士兵洗劫镇上沿街商铺，丰泰兴棉布店首先遭了殃。

除莘庄镇上，周边乡村也逐步兴办棉纱加工作坊。1914 年，金家湾（今属东吴村）王阿炳创办“轧花场”，时有脚踏轧花车三部。后改为牛打轧花车。1917 年，金家湾王兆正也办“轧花场”，用一台牛打轧花车加工棉花。1927 年，钱家浜（今属明星村）钱志呆创办“轧花场”，雇工二人，有柴油机一台，轧花车十部，以十间草房为车间，进行季节性生产。1929 年，严玉山创办“顺昌轧花场”，雇工四人，有六马力柴油机一台，轧花车六部，厂房五间，生产规模出众。1932 年，冯家旗杆鲍梦根也办“轧花场”，有轧花车五部，还外出收花代人加工。

随着花边生产的推广，本地原先从事纺纱织布的农户纷纷转而“结花边”。1924 年，莘庄镇上出现了专事门市收购及串乡上门收购花边的花边号，当时规模最大的首推南街 50 号吴协和花边号。

据 1933 年 7 月 5 日《沪杭甬铁路日刊》刊发的调查称，莘庄镇商市首推布业，尤其有了铁路运输之便，布业日盛，每年经销土布产额约二十万匹，每匹长一丈八尺至二丈，阔一尺一寸，售价约一元一角。土布销往东三省。有布庄十余家，每庄每月可收七八千匹，1931 年九·一八事变后销路日减，仅存四五家，每庄每月收进二百余匹。

1948 年，莘庄镇上有轧花厂四家，而乡村的“轧花场”大多在抗战时期被迫停业。至 1949 年上海解放时，镇上仍有棉布店四家、花边号三家。乡间农家的土布纺织仍在持续。

第二章 岁月钩沉

南张天主堂

二十世纪七十年代本地农家风貌

黄浦江与春申塘

上海简称"申",源自上海地区春申塘、春申庙等纪念春申君的历史遗存,民间流传着春申君"开凿黄浦"的故事。尽管这是明末清初时乡人的有意附会,但春申君长期影响着上海民俗。

黄浦江由来

黄浦江是长江最后一条支流,主流源出淀山湖口淀峰,上承太湖之水,接通苏南河网。

如今的黄浦江流域中段,从大涨泾南口米市渡起,过得胜港、闵行渡,达闸港口,古称"瓜泾塘",宋代改称"黄浦"。"黄浦"之名,始见于南宋绍兴二十八年(1158)高子凤为西林(今三林镇西)南积教寺所作的《碑记》中。明初,设在闵行老镇的官方机构称为"黄浦巡检司署"。

明永乐年间,户部尚书夏元吉接受上海地方人士叶宗行等的建议,实施"江浦合流"治水工程,开凿、疏浚、贯通范家浜,导南来的大黄浦之水,与西来的吴淞江之水合流,向北直接出吴淞口进长江入海。

近代上海开埠后,外国人把"黄浦"写作"Whampoo River",多了一个river(江河),于是被叫作"黄浦江"。

春申塘历史

春申塘为黄浦江重要支流之一，西起北竹港，往东与北横泾、马屯港相交，在华泾和关港之间入黄浦江。全长 9 千余米，在闵行区境内长 8 千米，是贯穿淀南水利大控制片的骨干河道。枯水期航道水深 1.2 米，可通行 10 至 30 吨级船舶，受益农田约 2 000 公顷。

“春申塘”作为地名，始于明末清初。清乾隆《华亭县志》在附《水道图》和卷四“水利”记载：“春申塘，一名莘村，一名新村。”“在三十六保二十八、三十三图。”

自明天启元年(1621)起，春申塘曾进行过十一次记录在册的大规模整治。其中，明晚期天启、崇祯年间，十三年疏浚了三次。清代康熙、雍正年间各一次，同治、光绪年间各一次。这些时段，正是本地区经济社会建设成效显著的时期。民国时期整治两次，规模不大，成效有限。1964 年，全线疏浚。

1978 年以前的春申塘并不像今天这样宽阔挺直，而是顺地形而流，以致弯弯曲曲，走向多变，胜似一条游龙，贯穿集镇及众多村宅，灌溉着周边大片农田。春申塘虽然河面宽度不满 20 米，却是连通黄浦江的骨干河道，水上交通十分繁忙。1978 年，春申塘进行大规模的河道整治，梅陇地区放弃春申塘故道，将河床南移，全线截直，实地开挖达 2 千米，河道宽 50 米，直通黄浦江。

春申君传说

长期以来，民间传说春申君为治水减灾，亲任疏浚河道工程指挥。其夫人捐出私蓄并筹善款，还提出建座跨河桥，方便行人。后人为纪念这对夫妇，还建立祠庙，供奉其神像。

春申君(公元前 314—前 238)，姓黄名歇，战国时代楚国大臣。楚考烈王元年，以黄歇为相，封为春申君，“请封于江东”，今天的上海地界也属于其封地。春申君明智忠信，宽厚爱人，以礼贤下士、招致宾客、辅佐治国而闻于

世。春申君对长三角地区产生了深远的影响,也必然会辐射到这里。

黄浦江是否是春申君开凿的呢?说战国时代春申君在其领地内治水,似乎合情合理。但是,现代科学研究证明,当时上海地区的海岸线(今称"古冈身")在今奉贤南桥、闵行莘庄、嘉定城区南北一线,此线以东尽是"海上之洋"。黄浦作为水道名称,据考查未见于汉、唐时期任何文献,也不载于北宋时各种专论水利的著作,直到南宋和元代才有人提及和记述。因此,春申君"开凿黄浦"之说缺乏史实依据。

为何"开凿黄浦"之说会广为流传?唐代以后,春申君被奉为姑苏城隍神。在上海地区实现"江浦合流"后,广大民众从中获益,自然联想到本地区应当有一个像大禹那样为民治水的人物偶像。于是,永乐六年(1408),有唐姓乡绅献出上海县城北门外的土地建造"申侯祠",假借"春申理水"的传说颂扬夏原吉治水的政绩。由此,"大黄浦"逐渐被俗称为"黄歇浦""春申江"。有些文人墨客抒怀题咏,比兴寄托,一再戏说,终于把春申君黄歇推上了神坛。

那么,春申君是否有可能开浚春申塘?此说缺乏史实证据,但是符合情理。春申塘西起北竹港,那里恰好地处古冈身。两千多年前,古冈身地带海水泛滥成灾,乡人难以谋生,春申君热衷为民治水,说他曾在这里率众开浚一条向东通达滨海的水道,合情合理。当然,此河仅是春申塘的前身,人称"莘村塘"或"新村塘"。清初,人们将黄浦和吴淞江下游段改称"黄浦江"时,将"莘村塘"改称"春申塘"。

春申塘西段的松江区新桥镇,今有春申村。2002 年 10 月,村里创建了一所春申君祠堂,还自称是黄歇开挖黄浦江时的"指挥所",依据是当地有一首儿歌相传。其实,那首儿歌是 2002 年新创作的,原作者陆军已做说明:"歌词的内容当然是虚构的。"

春申君庙沿革

春申君庙,简称"春申庙",曾建在莘庄镇南境春申塘畔,春申桥北堍西侧。相传此庙始建于宋代,但此说不准确。

上海地区最先出现的是春申侯祠,又名长人司庙。据徐蔚南《春申君庙》考证,这是建于上海县城内专奉春申君的庙宇。另一处地处黄浦江中游闵行渡地段,横沥河东岸"十八保"依黄浦江畔,为清雍正十二年(1734)上海知县褚菊书主持修建,并有记录。乾隆十年(1745)重修,嘉庆九年(1804)又加修缮扩容,增设神阁名"春申阁"于庙后。整个庙宇正式名称呼"春申道院",俗称"春申庙"。

受闵行渡建造春申庙的影响,莘庄地区乡民们渴望这里也能建一座春申庙。清乾隆《华亭县志》卷二记载:"春申君庙,在莘庄镇。"说明在莘庄镇境内,清代早期就有民间建的"春申君庙",列在"不列祀典坛庙祠"名单内。

明末清初诗人高不骞(1615—1701),字槎客(一作查客),晚号小湖,华亭人,官翰林院待诏。他有一首《莘庄谒春申君庙》云:

何年楚公子,有庙俯莘溪。
籍籍声名久,厌厌气象低。
鸣鸠出座右,行蚁上榱题。
不及吴趋里,雕楹春赛齐。

从诗句来看,这座春申君庙年代已经久远,但名声气派不及姑苏的春申君庙。

民间所建的庵庙,一般较为简陋,不及三四十年,又要重修,且常时建时圮,"春申君庙"也难幸免。民国三十年(1941)十月杜镇球所整理的《云间金石志》,收有《重修春申庙记》和《重建春申庙碑记》简介。这些勒石碑刻,在民国时期仍完好无损,竖立在春申君庙内墙上。

由此可以证明,春申君庙的香火最早应在清初时出现,正如乾隆十九年(1754)成书的《华亭县志》记载所证明,最初此庙是在闵行"春申庙"影响下建立的。此番重建,也是受闵行"春申庙"历年增建扩容的影响。

碑刻明明刻着"春申庙",可是当地人却称之为"春申庵"。连清光绪三

年(1877)成书的《重修华亭县志》二十二卷也如此记载:“春申庵,在三十六保四十五图。在莘庄镇南。”注称“相传宋时建”。这一奇特现象,粗看令人费解,细想则很清楚。据1949年前后的历史记录,春申庙庙产占地1.18万平方米,房屋十三间。春申庵占地9 466.67平方米,房屋八间。比原来的施水庵不知扩容了几倍。光绪《重修华亭县志》未载施水庵,而专记春申庵,并称“相传宋时建”。这在事实上承认两者是相继承的。此时,所有神佛像均集中在一处供奉,香火旺盛而更显威赫。可以说,重建后的春申君庙进入了香火鼎盛期。以致光绪三十三年(1907),莘庄镇南市梢的“青莲庵”,因地块出让而动迁,也把神像移到春申庵中供奉。

可惜因时局多变,人世沧桑,春申庙(庵)日渐衰败。到1949年上海解放时,庙内仅留下一人看守香火。及至1958年拓建沪闵公路,拆除所有庙产房屋,香火终于彻底断绝。

可是,春申庙的影响一直存在。主要表现在这里曾办起了习称“春申庙小学”的国民学校。而且,1941年3月,在小学内建立了中共松江城东第一个地下党支部。

莘庄冯家旗杆

冯家旗杆由来

在莘庄镇明星村，有个村宅人称“冯家旗杆”，当年官府也将此地名载入松江府图籍。相传，这里曾经竖有独脚旗杆，高挂“四铁高风”的龙旗。人们以为这里是明代口如铁、膝如铁、胆如铁、骨如铁的“四铁御史”冯恩的故乡，其实不然。冯恩(约1496—1576)，字子仁，号南江，明嘉靖五年(1526)进士，初授行人司行人，后任监察御史，因直言不阿名垂史册。他与子孙生活在松江城内，而生活在“冯家旗杆”的冯氏人家与冯恩同宗同族，均为冯海的子孙。

清乾隆《华亭县志》记载：“冯海，字存朴，家合掌桥(在松江府衙西南四百一十步)。事亲孝。母年八十，有邻媪莫氏曾与之叙姊妹行，海日具甘旨，必邀媪同食，以娱亲意。母疾，夜叩北斗求代。半载乃痊，而海竟以劳瘁致病。垂殁，频呼其母，三日不绝声。里中私谥曰苦孝先生。”

《孝惠公年谱》记载：冯氏始祖冯德成，元大德年间乡贡生。冯海的曾祖父冯官孙和祖父冯子俊，明洪武年间迁居云南。冯海的父亲冯仲文，由云南迁徙到松江府北俞塘，为华亭县庠生，授徒里中。

冯恩与冯惪是平辈，均为冯海的孙子。冯惪，字爱江，赍志早逝。其子

1948 年本地区航拍地图

冯仕可，字渐斋，乡贡生。其孙冯大鹏，字云甫，松江府学庠生。其后均为庠生、国学生，书香延绵不绝。

清乾隆年初，冯海的第八代子孙（孝字辈）迁居娄县三十五保北横塘（今淀浦河），在莘庄镇北盛介巷建宅，名为“传忠堂”。

乾隆十六年（1751），冯孝言始建冯家祠堂，后又立起独脚旗杆，乡人称之“冯家旗杆”，日长时久，竟代替“盛介巷”成为本地地名。

冯孝言，字心田，号鲁斋。乾隆十五年（1750）中举人，博学工诗。乾隆十八年（1753），赴安徽绩溪任教谕，课士以儒先语录。乾隆三十九年七月，于家中逝世。光绪《重修华亭县志》有记载。

当时，冯氏家族生活在这里的有冯孝言、冯孝曾、冯孝寿等几房人家，均为娄县籍。

冯以昌

冯孝言的侄子冯以昌（1759—1827），字魏蕃，号吟秋、行一，三十七岁改号醒泉。生于乾隆二十四年(1759)七月二十七日。父亲冯孝曾,字二怀,号浣香,国学生,乐善好施,乡党称颂。母亲汪氏,舅父汪佑煌,字莘洲,上海县人氏,乾隆三十四年(1769)进士。

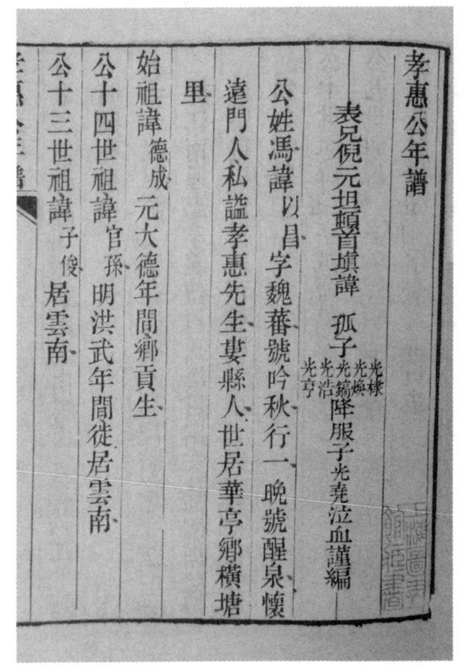

孝惠公年譜

表兄倪元坦頓首填諱　孤子光棣光煥光鎬光浩光亨降服子光堯泣血謹編

公姓馮諱以昌字魏蕃號吟秋行一晚號醒泉懷遠門人私謚孝惠先生婁縣人世居華亭鄉橫塘里

始祖諱德成元大德年間鄉貢生

公十四世祖諱官孫明洪武年間徙居雲南

公十三世祖諱子俊居雲南

孝惠公(冯以昌)年谱书影

冯以昌十四岁时,母亲暴病身亡。十五岁起,受业叔父冯孝寿。冯孝寿,字愚亭,乾隆三十五年(1770)以乡试第十二名中举人,著有《文房四考》八卷。乾隆四十六年二月逝世。《娄县续志》记载,冯以昌“从父病殁,家贫未葬,竭力为营窀穸。葬后三日,室忽火,夜梦从父曰:赖尔葬我,不然,罹于灾矣”。

冯以昌十六岁娶汪氏成婚。十九岁参加乡试。二十一岁补松江府庠弟子员。《重修华亭县志》记载:“事亲孝,尝刲股疗父疾。族有贫者竭力周恤,创善举,治桥梁,乡里称之。”《娄县续志》记载;“父孝曾病剧,泣祷祖祠,刲股以进。”

乾隆四十八年(1783),冯以昌二十四岁,江南乡试副榜中举,副贡生,候选直隶州州判改补教职。乾隆六十年,任江苏宜兴县教谕。

嘉庆六年(1801),冯以昌重建冯杨父子忠孝祠前楹。

嘉庆十二年(1807)十二月,冯以昌在北横塘庙西独建石桥,取名逢嘉桥,以便直达南七宝寺。舅父汪琇莹撰《新建逢嘉桥小记》,勒石立碑(碑石今存闵行区博物馆)。

嘉庆十五年(1810),冯以昌创建张公祠、顾烈妇祠。《孝惠公年谱》记载:“张公超麒,吾里二十五图人,乾隆五十一年以借支田赋一款逼勒捐躯。里人陆公荧增等悯公死,感公德,即其家上‘舍生取义’额。后士人以三十五保未有土谷正神崇奉香火,公(冯以昌)于北横塘庙东偏建祠,俾全保士民得

新建逢嘉橋小記
橫瀝由華入婁北達會於蒲溪
有木橋二跨其上皆即水名名
而以南北分繫焉木質易壞
建不時行者爲病醒泉馮協均
其道路相土南七寶寺之陽作
石橋一所計費若干緡資不外
假而續用成屬予記之予曰善
梁利濟其事可嘉也南北適中
其位可嘉也且又年逢嘉慶月
在嘉平是役也予老人將唯汝
是嘉矣因以逢嘉名而著其命
之之意醒泉名以昌癸卯副貢
曾任陽羨學諭 少湖汪璐瑩謨
并書

《新建逢嘉桥小记》刻石拓片

所瞻仰焉。”

次年正月，冯以昌重建虹腾桥（俗称“横塘桥”），题联“平分水十字，直接路三叉”。十二月，在莘庄镇北重建添涨桥。

嘉庆十七年（1812），松江知府周有声聘冯以昌为《松江府志》采访员。

嘉庆二十年（1815）三月，应江苏布政使杨頀的邀请，冯以昌担任苏州府学教授，年已五十七岁。同年，他为北桥明心教寺撰《明心寺观音阁记碑》。

嘉庆二十二年（1817），冯以昌撰文为莘庄会真道院炼师李怀青创建“惜字局”呼吁士民“敬惜字纸”，共襄善举。

嘉庆二十三年（1818），应江苏布政使杨懋恬的邀请，冯以昌担任太仓直隶州镇洋县学训导。

道光四年（1824），应江苏布政使张志绪的邀请，冯以昌担任扬州府兴化县学教谕。次年，出任江苏赣榆县学训导。

道光六年（1826）三月，冯以昌奉部选授安徽凤阳府怀远县学教谕。

冯以昌以贤劳致病，道光七年（1827）七月二十二日晨起吐泻数次，二十三日黎明取热水揩身，换新布短衫裤，独自饮酒，吃到一半，双足交叠端坐，至辰时瞑目而终，时年六十九岁。八月十五日，门人私谥“孝惠先生”。九月二十三日，儿子冯光镐等护送灵柩从凤阳回到故土。不久，冯光尧等辑成《孝惠公年谱》（道光年间刻本，收入《上海图书馆藏珍本年谱丛刊》）。

冯氏石刻

嘉庆十九年（1814）五月，冯以昌拿出家藏冯恩手迹一卷，这是当初冯恩入狱后赠给好友郭济（字静甫，号少庐，晚号默斋）的诗作，原由郭氏家人收藏，嘉庆七年（1803）冯以昌特意购得，精心装裱。此时，他请人摹刻上石。六月，在宅后建忠孝分祠两进，供奉先祖。

通过冯恩诗作，今人可知：嘉靖十二年（1533）六月间，夏雨绵绵，冯恩与郭济畅叙一番往事之后，长叹不已，挥笔吟诗，其中有五言诗《草庐好学阁》《西署中杂咏·雨中述怀·饮翠潮屏》等，他的行书依然遒劲有力。

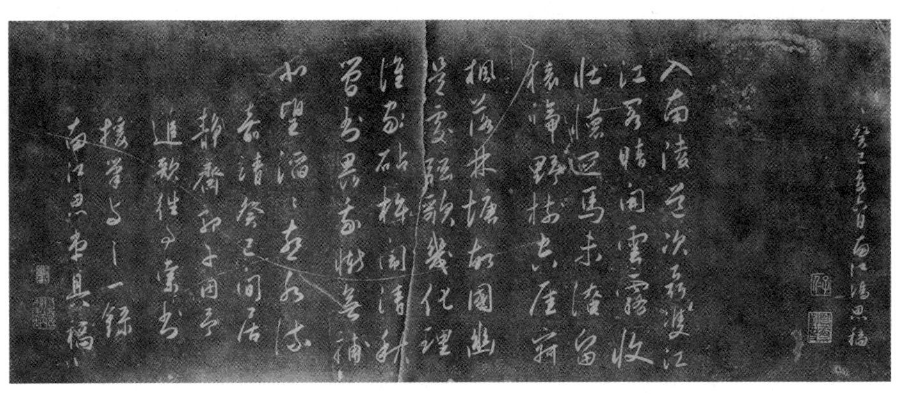

冯恩手迹刻石拓片

嘉庆二十四年（1819）四月，冯以昌补刻著名书法家米芾（字元章）《海月禅师像赞》。此件作品原有十四方，流落莘庄盛氏手中后，因盛氏家人不爱惜而受损遭劫，残缺不全。冯以昌为之心痛，借得明万历年间“继绵堂”所藏《海月都师帖》，精心摹勒补全，深得文友好评。

后来，近三十方刻石嵌入冯家祠堂墙头，供人欣赏。祠堂分前后二进，屋厅堂内挂“念修堂”匾额，厅柱有联“纯纲不作钩，直杆终为栋”。正厅东侧为书房与卧室，有藏书数千册。这里俨然成为彰显冯氏家风的圣地，也是传播江南文化的高地。

1932 年，乡人在冯家祠堂创设私立念修小学。据第一任校长彭鹤年称，光绪十八年(1892)，冯家祠堂毁于火灾，次年重建。祠堂毁于 1958 年。“文化大革命”时期，刻石被抛入河中。1987 年文物普查时，经彭鹤年提供线索，从河道中觅得五方(一方裂为二石)。

这五方刻石今存闵行区博物馆，其中三方镌冯恩手书诗文，一方为郭济颂冯祭文，一方为米芾《海月禅师像赞》中“西湖天宫化城见两天竺宛”句。

米芾《海月禅师像赞》刻石拓片

在横塘河北岸，曾有一座贞节牌坊，为“冯氏女”立，牌坊北面有冯家墓地近 700 平方米，可容四副廓。“文化大革命”时，墓地被掘，后牌坊被当地石匠拆走。

南钱教案与南张天主堂

灾民抢米风潮

南张天主堂(原称“南钱堂”),位于南张村(今莘庄镇明星村南张,秀文路485弄50号)。原址在南张村西侧的钱家塘北,堂名为“若瑟善终立保”,乡人俗称“圣母立报天主堂”,归七宝天主堂管理。始建于清光绪二年(1876),因堂屋由娄县三十五保乡董张渠卿捐赠建造,人称“张宅家堂”。堂内有一口铜钟,铸于光绪十八年(1892),重91千克。

光绪二十三年(1897),上海奸商勾结外商,大量收购本地大米出口,并趁机哄抬米价,激起民愤。六月,泗泾、七宝等地上万乡民聚众向囤户购米,并怒焚了泗泾镇横塘圣母领报堂。官府生怕引起抢米风潮,被迫开仓平粜,平息事态。

次年五月二十一日(7月9日),一场酸雨使本地树木禾苗大多枯萎。眼看田间绝收,市镇米价随之飞涨,城乡人心惶惶。官府急令禁运大米出口,以保米价稳定。华亭、青浦、娄县不时爆发饥民抢米事件,遭清兵镇压。

六月十四日(8月1日)晚,有两群饥民来到张渠卿居住地钱家塘请愿,要求大户人家开仓平粜。张渠卿等大户人家均称宅内未储米粮而一口拒绝。眼看饥民要抢粮,张渠卿只得向南钱天主堂神父求救。

次日,大批饥民一起涌来,砸开张渠卿家中米仓,哄然分粮。南钱天主堂的乔姓神父出面强行阻拦,更加触犯了众怒。饥民们愤然焚烧了数间张家房屋,而毗邻即是教堂,因而被视为焚毁了天主堂。

于是,乔神父慌忙向天主教上海教会禀报所谓"南钱教案",夸大饥民抢粮实情。教会即与上海道台交涉,要求捉拿祸首,并给予赔款。

官府恐慌失策

八月初六(9月21日),本地张书绅、李颂芬、冯祖寅、骆文华、张允臧、张亦韶等乡绅赶到娄县县衙,向知县屈泰清(字吉士)禀报,声称:"近来恶丐结队成群逗留乡镇,或数十,或数百,肆行无忌,并不畏法,于镇则强索钱文,于乡则开仓抢米。前娄宪杨开第于光绪八年间出示禁约,岂知该丐等仍不奉法,愈聚愈众,以强为胜。六月十四日,聚集南钱开仓抢米,攫取衣饰,并扬言有三千之众相约而来,致使民心惶惶难安。"屈知县是浙江平湖人,在任候补分府,新近刚到娄县赴任,闻讯大惊,连夜带队前往南张村弹压,发出告示称:"凡饥民爬抢粮食聚众十人以上,为首者斩,如有持械威吓者,不分首从,一律斩。"

当时的《申报》记载:"自饥民抢米事起,地方官深恐牵涉教堂,上贻君父之忧,故咸振刷精神,妥为弹压。"

据七宝人相传,当时四乡饥民聚到七宝镇上,议论着要抢富户家的食粮活命。年已五十岁在镇上驻堂行医的张慎斋闻讯到场,好言相劝乡亲们:"大家散去吧,免生祸事。"而此时,县衙门派出的七艘催粮大船停靠到蒲汇塘桥桥堍,饥民顿时与收粮官冲撞起来,结果七艘粮船着火烧了起来。这一下可惹了大祸,张慎斋因在场而竟被诬为"烧船案"祸首。第二天,县衙门即发出了捉拿张慎斋的告示。灾祸临头,张慎斋只好出外避逃。但风声越来越紧,张家只得宣告张慎斋已亡,还在其家喻家巷"出棺材",像模像样地办了丧事。县衙门听说张慎斋死了,案子不了了之。但是,张慎斋从此不敢再在七宝镇上挂牌行医了,乡亲有急病求医,他只得避匿在网船上为病人治病,还改名为张在亡。如此熬过了三年多,案子终于平息,他才将张在亡正名称张在望,公开露面行医。

洋人敲诈赔款

事后,娄县知县屈泰清屈服于法国教会的压力,在徐家汇天主堂与教会方面初步议定,赔偿白银一万八千两,约日交付。

面对如此敲诈行为,屈知县十分无奈,只得上报苏松太兵备道蔡均。道台蔡大人生怕得罪洋人,竟然答应教会的要求如数赔偿,还下令向娄、华亭、青浦等三县民众强制摊派,并命令三县通力合作,立即凿石备料重建教堂。

不久,娄县知县屈泰清、华亭知县刘有光、青浦知县汪瑞曾联合在三县各镇勒石立起《华亭、娄、青浦三县永禁饥民抢粮碑》,明令"自勒石之后,如再有恶丐逗留在境,立即随时鸣保,协同该处实力驱逐,不准片刻停留"。

人称"小罗马"

光绪二十八年(1902)秋,南张新教堂落成,竟比原有堂屋扩大了约十倍,占地面积达2 800多平方米。主堂坐北面南,面阔三开间,进深五间,为砖木结构,三角形山墙立面,层叠式壁柱,堂内以西式构架形成高耸空间,花窗玻璃绘有大幅圣经故事,而细部装饰比较简洁。当时资金比较充足,传教士完全仿效罗马式建筑风格建造,主堂正立面连列中大两小拱券式入口,以两翼伸出的连续券柱向前围合成一个拱形大庭院,环有36根廊柱,井然有序,气势夺人,人称"小罗马"。

据当地老农回忆,为了分摊相关赔款,从那时起,娄、华亭、青浦、上海四县民众凡出售自织土布,每一尺要多缴两个铜钱的税。这项苛税延续了好多年,直至辛亥革命之后还不肯作罢。

由于这一番折腾,乡人对南张天主堂大多心怀不满。上海解放后,长期时开时闭。后因"文化大革命"来临而封堂,堂顶被拆,曾一度改作上海县精

神病人寄托站。

南张天主堂主堂

1988年12月11日，南张天主堂复堂，奉“大圣若瑟”为主保，又称善终堂。次日起，这里设南张安老院，安置曾在上海教区各堂口服务过的、年老体弱、生活又有困难的年老贞女。1992年，七宝天主堂重修钟楼时，将这里的铜钟迁移了过去。

1999年5月，南张天主堂被上海市政府列为第三批上海市近现代优秀历史建筑。2014年5月，由上海市政府公布为文物保护单位。

南张天主堂庭院

南张天主堂内景

乾隆年“一十六氏惨案”

清乾隆五十一年(1786),天灾岁荒,娄县乡人请求减征官粮。而娄县知县谢庭薰(字自南,又字兰谷,号韶庄,贵州贵阳人)依然逼征钱粮。

一天,华亭乡三十五保十七图(七宝镇南郊,今属莘庄镇)的十多个乡民来到一区(习称“七宝区”)二十五图小涞朱家张宅(今属九亭镇兴联村),求见三十五保保正张超麒,说要到娄县县衙去请愿。

张超麒(约1740—1786)为人正直,很重视乡民的呼声,便率领他们赶到松江城,到娄县县衙门前请愿。知县谢庭薰蛮不讲理,当堂斥退张超麒等人。

张超麒不服,决意寻找实据,让知县“验土减银”。于是,他回家收集农田病禾和灾后瘠土,随后率乡民或手执病禾,或肩挑瘠土,执香而行,再次赶到娄县县衙。

知县早有防备,竟下令杖责驱逐乡民。张超麒面无惧色,率众抗议。衙役也不手软,挥杖乱打,竟然当场杖毙十多人。附近农民闻讯赶来增援,数百乡民围住县衙。

眼看事态扩大,知县迫不得已,只得当众验看病禾和瘠土,用秤称过,证实三十五保的泥土已经比别处轻半,灾情不容否认。于是,他答应盘龙塘河东乡民只征漕粮,免征白银。

知县被当众问责，失尽脸面，便怀恨在心，派人暗害张超麒。入冬一日，豪富九如堂张家嫁女，宴请乡邻，张超麒赴宴。衙役混入酒席，将张超麒灌醉扶出，在竹林深处将“五扒头钉”钉入其头顶发辫中，并制造“醉酒跌死”的假象。

事件发生后，三十五保乡民愤起上告申冤，江南一片哗然，终于惊动朝廷。

乾隆五十三年（1788）八月，江南巡抚审结“七宝漕弊惨案”，匆匆调武进县丞杨世绶（字竹溪）到娄县任知县，并处罚了涉案官员。

次年，松江府奉宪优恤三十五保乡民，归葬张超麒等十六人，立“娄县三十五保一十六氏之墓”碑（位于莘庄庙泾桥北侧）。

据道光年间《孝惠公年谱》刻本（收入《上海图书馆藏珍本年谱丛刊》）记载，嘉庆十五年（1810），家住横塘河畔盛介巷（后称“冯家旗杆”）的冯以昌创建“张公祠”。《孝惠公年谱》称“张公超麒，吾里二十五图人，乾隆五十一年以借支田赋一欵逼勒捐躯。里人陆公荧增等悯公死，感公德，即其家上‘舍生取义’额。后土人以三十五保未有土谷正神崇奉香火，公（冯以昌）于北横塘庙东偏建祠，俾全保士民得所瞻仰焉。”

另有记载称，“张公祠”内悬“舍生取义”匾额，匾题款“乾隆五十五年桂月，娄县三十五保十七图为二十五图荒区殉义之张超麒立”，由青浦人沈丹题并书。据当地老人称，北横塘庙围有红墙，有房三间，东屋为“张公祠”，供张超麒夫妇塑像，男头戴红缨帽，身穿蓝长袍，女头戴珠冠，身穿花布衫。二十世纪五十年代初，上海市文管会杨嘉佑等实地考察后撰文作了专记。

莘庄古墓探究

据历代地方史志和文博工作资料记载，莘庄地区曾有一些重要的古代墓葬。二十世纪五十年代，上海考古工作者在这里发现南北朝（420—589）时的墓葬，并从中出土了瓷杯、瓷碗。在朱莘路168号南洋电缆厂南五十米处，曾有宋代朱氏二夫人墓，墓前有石人、石兽等，后因年长渐湮。在青春村，曾有明代国子监司业朱大韶墓、举人陆从高墓等。在莘北村，曾有清代奉政大夫国子监典簿沈虞扬墓、教谕姜兆翀墓等。另有明代俞琳墓、清代章简墓、十六人墓等。不少墓主并非本地人氏，而将墓地选在莘庄地区，必有原因。

青春村唐家塘（今莘西南路55号）有明代名士朱大韶的墓地，俗称"朱家坟山"。1953年春，乡农会平整墓地时，发现穴内有三棺，出土了玉块、家谱、玉杯等，由朱家后代收取。

清光绪《松江府志续志》记载"兵部主事国朝赐谥节愍章简墓在莘庄"。章简，字坤能，家住松江城西古浦塘。明天启四年（1624）举人，授福建罗源县知县。清顺治二年（1645），清兵下江南，章简与沈犹龙（字云升）、李待问（字存我）等统领数千义兵分守松江府城四门。八月初三，清兵攻破城门，南门守将章简被俘，当天不屈而死。乾隆四十一年（1776），朝廷对抗清死难诸臣予以追谥，章简谥为"节愍公"。

松江巨富沈虞扬的墓地位于莘北村西戚家湾，建于清嘉庆十一年(1806)。二十世纪五十年代在墓地出土“清国子典簿沈虞扬墓志”一方，今存闵行区博物馆。沈虞扬，号古心，祖上以居积发家，沈家所拥有的田产为松江之冠。在松江北门外市河西拥有“古倪园”，自建“啸园”。长子沈恕，字正如，号绮云，为江南名士。

莘北村韩四泾河畔有姜兆翀墓。姜兆翀(1740—1811)，字孺山，号镘佣，乾隆三十五年(1770)中举人，乾隆四十九年(1784)由景山官学教习，调任安徽舒城县学教谕。乾隆六十年(1795)，辞职返里。著有《孟子篇叙》(收入《续修四库全书》)，晚年编撰《松江明末忠节录》《国朝松江诗抄》等，影响甚广。以传奇《孔雀记》成为戏曲作家。

据《松江府志》记载，临江府推官俞琳墓在莘庄庙泾之南三十六保四十四图。俞琳，字世美，居华亭沙家桥北，祖父俞永。明成化十九年(1483)举人，选江西临江知府(今江西樟树)推官，清廉公道有声望。

七莘路庙泾桥北堍曾有“娄县一十六人之墓”，建于清乾隆十五年(1750)，是娄县三十五保民众为纪念为民请愿而遭害的十六位义民而建。

清乾隆《华亭县志》记载，“钱塘知县叶宗行墓，在莘庄镇春申桥南”。光绪《重修华亭县志》补充称“墓在三十六保四十二图”。

上海文史名家郑逸梅《三国闲话》(广益书局1948年初版)云：三国时期吴国将领“丁奉墓在松江莘庄镇西”。可惜，至今未在地方文献中发现切实记载。

咸丰兵灾纪略

在160多年前，即清咸丰、同治之交时，太平军忠王李秀成三次攻打上海县城，先后在松江城、泗泾、七宝、华漕和漕河泾等地方，与清朝军队以及外国雇佣军“洋枪队”“常胜军”等遭遇，战斗激烈，震惊四方。

莘庄地区属松江府华亭县三十六保，是松江府城东北方陆防守备范围，也是太平军西路向上海县城进军路线的重要站点。莘庄镇与同属三十六保的新桥、颛桥、朱行，时属娄县三十七保的泗泾、三十五保的七宝等相毗邻。一有战事，立刻波及，百姓沦陷于战乱之中。

咸丰十年五月（1860年6月）至咸丰十一年十月（1861年11月），太平军在占领青浦、嘉定后，计划攻打上海县城。在此期间，太平军势如破竹，清军节节败退。七宝、泗泾，甚至松江城，一度被太平军占领，并一直进军到上海县城下。后因忠王李秀成在围攻城厢时，面颊被清军守城枪火所伤，内应线人被破坏而流失。加之浙江嘉兴战况告急，无奈撤围退兵。第一次攻打上海县城的计划半途而废。其余部仍在七宝、漕河泾和泗泾一带活动，时时威胁着松江府城。

为防御太平军，上海县县令刘郇膏（字松岩）动员各地兴办民间武装组织，称作“团练”（俗称“乡勇”）。莘庄镇也开始建制团勇武装，实施戒严。上海县衙向各乡团练发放枪炮、军装、火药、铅丸、器具，以抵抗太平军。

据清光绪《重修华亭县志》《娄县续志》等有关兵事记录，咸丰十一年九月初七（1861 年 10 月 10 日），驻军松江城的提督李恒嵩和总兵曾秉忠，因北路告急，派出游击虎昆扬驰赴莘庄，救援七宝。次日，太平军在七宝设伏，清军一到即中埋伏。太平军乘胜东进，军锋直抵徐家汇。

这一年冬天，气候极为异常。虹桥人王萃元《星周纪事》和梅陇人蒋恩《兵灾纪略》，都记录了这次大雪灾。自 1 月 25 日至 29 日五天内共降雪近 2.3 米。从虹桥到徐家汇，“漫天积雪，风涌如潮”，“蒲汇塘坚冰凝结，厚有尺许”。清军被迫暂时“收队”避寒。

太平军利用这一时机，实施第二次攻打上海城计划。十二月二十九日（1 月 28 日），李秀成率部水陆并进，兵分两路，冒雪围攻七宝、诸翟。北路打下了诸翟，而西路行至七宝附近，被大雪所阻，无奈退回青浦。

同治元年（1862）正月起，太平军再次发动进攻。各乡团练支撑了十个昼夜，而清军未来增援，各乡镇相继失守。

二月二十二日（3 月 22 日）太平军占领莘庄镇，乐善堂等房屋遭毁。至二十七日，又南进占领颛桥，达马桥、闵行镇等地。

三至五月间，华亭县和娄县大部分地区陷入拉锯式战乱之中。双方交战时，都以烧毁一大批民房相对抗，造成众多平民百姓流离失所。

据光绪《重修华亭县志》《娄县续志》事后记载，在兵灾中有姓有名的死难者极多。如：莘庄人李小美，抗拒战乱被杀。另有莘庄镇上一豆腐店业主赵秀芳，率人举大刀拼杀太平军，一直追到西市梢，后投河自尽（清廷予以旌表）。现实中受此战乱惊吓而丧生或病故者，不知其数。官方志书中也有所提及，但未做详细记载。而经历这场战乱的当事人在私家著作中多有反映。如松江人顾翰（字孟平）曾撰有多首感怀避乱纪事诗。有一首写道：

五茸城外贼初退，瓦砾纵横玉石碎。
不逢荷耒耕夫行，负郭良田半荒废。
闲花野草忽凋零，郊原昨被豺狼经。
战场夜哭多新鬼，劫尘拂面流血腥。

风萧萧兮塞吹笳，云暗暗兮乌号木。
死者暴露生流离，行踪未定莫卜安。
烟云缥缈家何在？乱石蘼芜路每歧。
登高悼叹徒增悲，无贵无贱皆疮痍。

此时，李鸿章见久攻不下，急令大批清军赶赴泗泾、七宝、虹桥地区，试图全歼太平军。经过昼夜激战，一时却难以定局，而双方均已身疲力尽。直至南京告急，李秀成只得率太平军回救而撤离。清廷乘机巩固城防，调整兵力，一一夺回被太平军占领的城镇、要道，逐步控制了战局。

在这三年兵火灾难中，太平军与乡团练、清兵、外国洋枪队在虹桥、七宝、梅陇等地区持续展开拉锯式交战，使这里遭受严重的破坏。历经千年名扬江南的七宝教寺、虹桥安国讲寺和大量明清两代的优秀建筑就毁于这场兵灾，以致这里的历史文化遗存几乎灭绝。

火车通莘庄

清光绪三十二年(1906),商办江苏省铁路股份有限公司集股筹建沪杭甬铁路,并规划在莘庄镇南栅口外的张家宅设立火车站,初定为四等客运站,兼办货运业务。对莘庄人来说,这是胜似开天辟地的重大事件。

沪杭铁路通车仪式

光绪三十四年(1908)三月,沪杭铁路基本建成,上海南站至松江、枫泾段率先通车,沿途设高昌庙、龙华、梅家弄、莘庄、新桥、明星桥等车站。莘庄

人为了让出地方建造火车站，同意将南栅口外的古庙施水庵南迁与春申庵合并。

1909 年 5 月 30 日，上海至嘉兴段通车。10 月 25 日，上海至杭州段全线通车。1914 年 1 月，“苏路公司”由商办收归国有。次年 12 月，沪杭铁路起点由上海南站改到上海北站。

沪杭铁路兼办货运业务，由上海三济转运公司在莘庄镇南街朱姓居民家中设代办处。

莘庄火车站设站长一人，夜班站长一人，售票兼电务司事一人，收票司事一人。当时，从上海站开出的客车每天有三次经过莘庄站，快车只要二十七分钟，慢车三十三分钟，沪杭快车十二点二十七分到站，沪杭慢车九点三分到站，沪嘉慢车十六点三分到站。每天还有两次从杭州闸口站开往上海的客车经过莘庄站，杭沪快车十七点十分到站，杭沪慢车十四点五分到站。每天十点十七分还有嘉兴站开往上海的嘉沪慢车经过莘庄站。莘庄站到松江站快车二十八分钟，慢车三十五分钟。莘庄站到杭州闸口站快车五小时二十四分钟，慢车五小时五十三分钟。

火车轰隆隆地开来了，每天都有定时客车在此停留，莘庄人购张票跨上车即可以远行，商家在外采购的货物可以由货车帮助托运进店，成群结队的外乡人前来经商、探亲、旅游。莘庄人惊喜地发现，社会发展的大好时机来到了，乡人进上海城区，去松江、嘉兴、杭州的往来交通如此便捷，真可谓“一步登天”了。

莘庄火车站的规模虽然不大，但房屋造型别致，外貌一色红砖洋瓦，建筑用材讲究，环境布局新颖，是当时镇上最显洋气的地标性建筑。从车站楼前拾级而上，走进宽敞的候车大厅，只见用棋子般大小的六角形马赛克铺成地砖，显要部位全是彩色水磨石地砖，如此豪华气派令乡人刮目相待。连车站服务用房和职工用房，亦是一式红砖洋瓦，胜似西式别墅，可惜后来的改扩建使其逐渐失去了耀眼的风采。车站的上下车“月站”十分开阔，还设有巨大的廊棚和堆货场。

由此，莘庄镇的人际交往和物资交流得以明显增强，工商业迅速发展，

抗日战争时期的莘庄火车站月台

这里的政治、经济、文化和风俗习惯发生大变，率先领受现代化生活的福利。

当时，有一节货运车厢常停在莘庄火车站内，专为颛桥轧花厂运输皮棉，往返于莘庄与南站之间。抗日战争之前，这里的铁路客货运输业务繁忙，旅客、商贾搭乘火车者，每日会有几百人。更有一些实业家利用火车运输的优势，在莘庄火车站周边购地建业谋求发展，私营华南农场便是最突出的案例。

然而，每当战争发生时，火车站必然成为必争之地，同时也给当地百姓带来惊恐和灾难。1916 年 4 月 13 日，浙江省宣告独立，反对袁世凯称帝。沪杭火车不通，县城居民恐慌，纷纷迁避。五天后恢复通车，事态平息。1924 年 10 月江浙战争中，暂留莘庄火车站的浙军官兵无事生非，竟然在莘庄镇上大肆抢劫，作恶多端。1927 年 2 月 16 日起，因北伐战争，铁路交通中断。3 月，北伐军白崇禧部薛岳率先锋队攻占莘庄火车站，引发莘庄镇居民恐慌生乱。1928 年秋，蒋介石令刘峙率部镇压“叛军”，在莘庄火车站设下埋伏，当三十一军某团乘火车途经莘庄站时，拦车要求缴械。双方意见不合，当即开枪激战。三十一军七十余人被枪杀，后由镇上乐善堂派人瘗埋在义

家。1949 年 7 月 19 日，上海青年南下服务团指战员乘坐的专列在停靠莘庄火车站时，突遭两架国民党敌机低空扫射，机车和两节车厢中弹，当场四人牺牲、十四人受伤。

二十世纪五十年代的莘庄火车站

幸存的火车站职工住房

军阀相争波及莘庄

民国十三年(1924)九十月间,直系军阀江苏督军齐燮元与皖系军阀卢永祥之间展开混战,亦称“齐卢战争”。上海地区本属江苏省,可是有很长一段时间被皖系军阀所控制。作为江苏督军的齐燮元,不能容忍现状,视之为心腹之患,处心积虑企图收回上海。

1924年9月初,齐燮元以收回淞沪地区管理权的名义,出师昆山、松江、宜兴等地。9月3日,齐燮元命令宫邦锋部进攻昆山。在太仓的浏河镇和嘉定的南翔镇,双方剧烈交火。战争初期,浙卢联军稍占优势。到9月中旬,战局发生变化,嘉定、青浦、松江、太仓等地战火连天,十多万难民流入上海市区。江苏省农会致国务院的电文中称:“江浙战事,军队所过,村镇为墟,人民奔走迁移,颠连失业,富而贫、贫而死者,不知凡几。”

9月19日,齐燮元的部队占领南翔镇。25日,孙传芳的部队占领嘉兴城。到10月初,形势急转直下。10月9日,驻在松江城的浙卢联军被迫撤离,败退上海。10月13日,卢永祥承认自己失败,宣布下野,逃亡日本。

莘庄老镇地处沪杭铁路重要站点,驻扎着浙卢联军一个团。连日来,他们眼看一列列火车驶过,满载着从杭州方向去上海的败退队伍,顿时成了惊弓之鸟。10月15日,得悉总司令卢永祥出逃日本的消息,不知所措。兵痞们在不良长官的暗示和纵容下,一齐动手趁火打劫捞横财。傍晚,一伙伙散兵游勇上街滋事,一时无法敲开同康典当的门,就回头转向抢掠沿街商铺。

在东街口平桥北新开张的丰泰兴绸布店、中街老字号宏兴泰南货店首先遭殃,架上货物被洗劫一空。这个夜晚,整个莘庄老街家家恐慌不安,人人提心吊胆。那些末路行劫的败兵,得手后收拾行装,赶紧挤上东去的列车,向上海方向逃窜。

翌日,孙传芳部队得此消息,急忙乘火车从嘉兴冲到莘庄,沿街巡查,逐渐控制住老街的混乱局面。好在浙卢联军败兵们已经溃散,才幸免再发生战火。

莘庄老镇因齐卢战争遭此一劫,更加引人关注。莘庄火车站,原为一处三等小站,遂成为沪杭地区的兵家必争之地。

在第二次直奉军阀混战中,莘庄老镇再一次因战略地位重要而饱经沧桑。

1925 年 8 月,驻杭州的孙传芳部队发兵进攻江苏各地,安徽的奉军势力派师长卢香亭直取南京,师长谢鸿勋围攻松江,战事骤然紧张。谢鸿勋部攻克松江城之后,火速赶到莘庄地区。他们以莘庄火车站为据点,东向龙华进军,围攻上海。最后,迫使奉军在上海的势力从海路向北方撤退,直系军阀从而顺利地控制了上海地区。

莘庄人被连年兵火折腾得心神不安,莘庄老镇的商市就此逐年冷落。

1928 年莘庄区社会调查

1931 年，由上海特别市社会局出版的《社会月刊》第二卷第十一号刊发《上海特别市各区农村概况》，其中有 1928 年 6 月 7 日对莘庄区的情况调查。此文记录了当时莘庄地区的概况及其特点，为后人了解历史提供了比较真实的资料。

当时，南京国民政府已经成立，上海特别市与上海县正调整区划，尚未定局。莘庄乡原属华亭县，1913 年归松江县。1927 年 7 月上海特别市成立后，设立"莘庄区"，区域范围大于莘庄乡，南至颛桥镇，东至朱行镇东，北至横塘。横塘以北为七宝区。时有土地 2 487 余万平方米，分十六图，共有三十一个村级建置。

当时，沪杭甬铁路设有莘庄车站，途经本地区的县道尚待修筑，乡道可行人力车，水道南北有横沥河，东西有春申塘，均可通行舟楫。尚未有电报电话设置，仅设邮电支局。时有县立简易师范一所、县立第六小学一所、初级小学二所。火车站东有始建于 1924 年的华南农场。

"莘庄区"时有 4 264 户，18 554 人。因时局动荡，近来迁居他处者有 270 多人。无职业者有 6 750 多人，等待救济。莘庄老镇上大户人家云集，而周边乡村中佃农多于自耕农。农村年富力强者，每户可耕种约 2 000—3 333 平方米田。佃农租地大多仅有口头契约，并无文书手续。

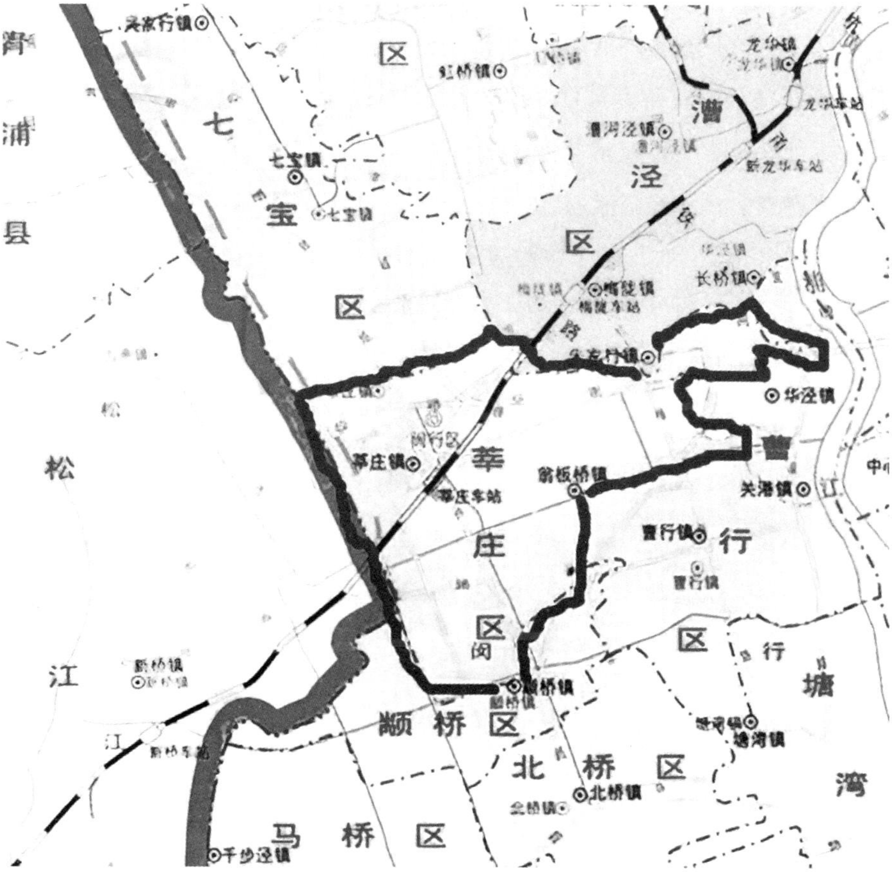

1928 年“莘庄区”区域地图

当地地势较高，土质肥沃，作物耕地占总面积的 90%以上。当时风雨不调，棉稻歉收。1926 年灾情奇重，1927 年收量又减少，1928 年因雨量稀少，亢阳为灾，旱象已成，棉花不能播种，已种者也难期发育。农民望雨甚殷，有发起求雨之举。究其荒歉原因，关键在本地地势较高，而水利失修，河道淤塞。春申塘自光绪元年开掘后，迄未疏浚，横沥河也久未整治，日趋干涸。

本地农田种植仍为“棉七稻三”，棉花亩产 70 斤左右（1927 年仅三四十斤），每担价十四五元，稻米亩产四担，米每石价十一二元。肥料以人粪、豆饼为大宗。本地花卉栽植不多，蔬菜仅供自食，果树渐有注重者，最出名的是种植水蜜桃的“芳园”。

本地副业,以往经营织布业者甚多,因洋布盛行而相继停业,改业“花边”。花边业分“结花”和“挑花”,均为代厂方加工,销售城区。“结花”以码计,“挑花”以打计,每人每日平均可收入两角左右。

本地农民生活及经济状况本尚宽裕,近年因灾歉频发,渐觉艰难,负债者十之有三。日常经济流通,主要依赖同康典当和每年两次民间“集会”。

1928 年时,当地儿童入学者,男性 1 317 人,女性 1 170 人。镇上的福音堂内设有公共阅报处,供民众自由翻阅报刊。

当时,本地人口中信耶稣教者 1 人,信天主教者 115 人。佛教势力较以往大减。

抗战往事

“淞沪抗战”爆发时

1932年1月28日午夜，日本海军第一遣外舰队司令盐泽幸一指挥海军陆战队，分三路突袭上海闸北，第十九路军在总指挥蒋光鼐、军长蔡廷锴指挥下奋起抵抗，给日军以迎头痛击。

国民政府任命蒋鼎文为右翼军总指挥。蒋鼎文率领第二军、第十四军自江西移师沪、杭，在川沙、枫泾、吴江构筑第一线阵地，并于嘉善、平湖、乍浦构筑第二线阵地，策应十九路军抗战。在莘庄火车站，设有防守阵地。

蒋鼎文部第九师在莘庄防守日军侵犯

1932年2月26日，驻浙赣边界的第36旅（旅长戴岳）调到沪杭铁路沿线东侧地区，以资戒备。

3月3日，日军司令官根据其参谋总长的电示，发表停战声明。同日，国联决议下令中日双方停战。24日，在英领署举行正式停战会议。

日军飞机轰炸莘庄

1937年八·一三事变后，日寇向上海发动全面进攻。日军飞机在上海四郊狂轰滥炸，莘庄镇也深受其暴行所害。

10月23日凌晨，一架日军飞机侵入莘庄上空，低飞后投弹三枚。落弹处一是镇北栅口，二是东街127号门前，三是十字街口东街鑫源南货店后宅院，死伤八人（确认死者有翁君文母亲、万纪祥母亲、保正吴纪华、幼女李三宝）。伤者有四岁女童翁爱芳（弹片穿过大腿）、吕洵芳（脚骨骨裂，终身残跛）、东街居民杨松涛、幼女周梦花。鑫源南货店后宅院梁木被炸折断。

当天9时许，又有三架日军飞机编队飞来，俯冲投弹。一枚落在中街陈宝昌南货店后宅院，房屋被毁四十余间。一枚落在小东街，一枚落在南街中段，这两枚炸弹距离很近，波及面大，弹片散射四周一百余米。徐姓家宅首当其冲，被毁坏房屋六十余间。最惨烈的是一处简易防空洞震塌，洞内躲藏者全部窒息遇难，其中徐宝弟一家七口当场死亡，傻女阿妙因哭闹不肯进洞，暂留洞口幸免呛死，后无人收养也饿死了。还有徐木和家五人、祝姓家二人、阮姓家二人均窒息死亡。被震或吓死者还有宋顺梅家六个月女婴、沈裕根点心店的一名学徒。

10月28日，日本军机滥炸莘庄镇，投弹八枚。一枚落在小西街东口大富浜营房桥北堍，一枚落在三官堂浜西首的卫家坟头。这两枚炸弹均未爆炸，留下了见深三米的弹坑。这卫家坟头就在今莘庄中学操场的西南隅地面，地下仍有那次未爆的家伙遗留着。

“苏浙行动委员会别动队”莘庄集训

1937年9月，在淞沪会战隆隆的枪炮声中，时任民族复兴社特务处处长的戴笠在上海仓促组建“苏浙行动委员会别动队”。

这时，经中共中央军委批准，中共江苏省委军委委员张执一获“别动队”第一支队第三大队的番号。由中共党员王际光（又名任铁峰）担任少校副大队长。第三大队中共党支部书记是戴思成。中队长、区队长、小队长等，均由秘密党员或进步分子充任。

9月中旬起，第三大队驻扎在莘庄地区，投入军事集训。

10月20日，第三大队接到命令，开赴华漕前线，守卫苏州河南岸五百公尺防线。

吴家塘褚家塘战事

1939年8月15日《申报》报道：8月13日天将黎明时，在莘庄镇北之吴家塘地方，华方游击队某部与由虹桥路西开之日军发生遭遇战。双方各以轻重机关枪猛烈扫射，枪声密如连珠。初时日军以猝遇劲敌，措手不及，稍有伤亡即撤退。然后，大队日援军闻讯赶到，并以小钢炮发射助战。游击队因兵力单薄，兼子弹不足，为保全实力，四散撤退。是役激战达三小时之久，日军虽遭重创，而华方亦牺牲甚巨。日军在华方游击队悉数退尽以后，即将吴家塘附近乡村纵火加以焚毁。霎时火光烛天，哭声震地。无辜农民除在激战时因不及逃避而惨遭流弹击毙者外，尚有一部分妇孺则因死守庐舍，乃至葬身火窟之中。

莘莊附近戰事

華軍四十五挨近滬郊
滬杭沿綫鄉村被焚慘烈

滬西方面
各有傷亡

莘莊西北
村莊遭封

兩軍遭遇
激戰甚久

明日起浦東菜蔬
將被統制出

每年產額達四五十萬元
被統制後不致影成恐慌

二千萬元

奉令回

《申报》书影

江苏省保安队第三团徐新洲部下之某队，近奉令由某处移驻莘庄镇北之褚家塘地方，以便进袭沪杭铁路莘庄站日军司令部。事机不密，被日军知悉，当即拨派大队日军百余人，于13日晨四时许，按址前往，将褚家塘四面包围，用小钢炮及重机关枪轰击。徐部健儿均从梦中惊醒，仓促应战，无奈炮火猛烈，势难对抗，且众寡悬殊，不能取胜。激战至六时许，下令退却。是役日方死伤六七人，徐部区队长金秋根（年二十五岁，梅陇镇北华村庙人）阵亡，伤十余人。日兵即进驻褚家塘、吴家塘及马桶桥三个村庄，挨户搜查，并枪杀无辜良民。直至下午四时，日军始去。

另据诸家塘老人回忆，1942年8月9日（农历六月廿八）早晨，日军得到消息，说有一支游击队驻扎在褚家塘，于是派了28个日本兵赶来搜捕，但他们扑了个空。日本兵不肯罢休，便挨户搜查，凡看到谁家客堂里搁着门板，便认定游击队曾在此歇息，立即放火焚烧门板。等村民赶回来时，房子已烧塌。这次暴行，褚家塘5号、9号计五户人家被烧毁十间房子。一李姓女性遭日军枪杀，年仅四十岁。

“清乡”竹篱封锁线

横沥港，南北纵贯闵行区。吴淞江到莘庄十五公里段，称“北横沥”。当年在这条河道的两岸留下了惨痛的国耻。

1942年9月1日起，日伪政府为消灭抗日武装，将沪杭铁路以南、黄浦江以北以西、茜蒲泾和女儿泾以东（时属伪北桥特别区）和黄浦江以东、三林港以南设为上海地区“清乡”范围。

在莘庄沪杭铁路边、七宝漕宝路边各设有“大检问所”，驻日军三四人、伪军一个班、检问员四五人。中途在横沥桥堍（今七莘路九号桥附近）设“小检问所”，驻伪军四五人、检问员两人。而一般道路均被截断，行人、车辆、船只过往封锁线必须从检问所过往，接受检查盘问，稍有不慎，即遭拳脚交加。凡私越竹篱者，被日伪军发现，格杀勿论。

“清乡”期间，日伪军实施物资统制，严禁农村粮食、棉花、食油和城市棉纱、棉布、火柴、肥皂、糖、蜡烛、药品等生活用品自由流通，以致封锁线内外物品差价数倍。许多城市贫民和乡民为了生计，负米、负日用品偷越竹篱。

不少人当场被日伪军枪杀，有的被绑在竹篱上，打死、饿死或冻死。

据《莘庄镇志》和《莘庄乡志》记载，薄家塘杨世英因多买了一斤半米，过检问所时被日兵查获，即放出狼狗咬伤一腿。在此遭军犬咬死的有农民王仲达等七人。张家宅张文英、朱五更、黄引娣父亲等，均在此被毒打致死。谢世才收起两亩水稻后，雇佣三人一起到颛桥去轧米，途经检问所时，日军指挥官林木指认其为贩米者，率日兵将他们毒打致伤。莘北乡唐家巷宋子堂被日军抓住，绑上木桩，在烈日下活活晒死。金家湾一裁缝师傅，被日军徒手打死。渔民金纪生、史阿三、金照余、山永生、袁德成等五人装了三船白米，越过顾司徒庙封锁线，刚驶抵马家油车，遭遇日伪军十余人，被押到莘庄大检问所关了三天。金照余、山永生、袁德成被枪杀。金纪生和史阿三家属用八十石白米买通两个翻译和一个伪军，才保住性命。

本土红色刊物

镇上名医陆龄伯（1867—1912，字锡嘏，号师绩）的孙子陆昌谷（1920—1971），1938 年夏毕业于上海市立新陆师范学校。秋季，闻悉青浦章练塘有陈阿友抗日游击队，即约同乡程永年、彭鹤年奔赴，见部队拟进太湖为匪，不愿随往而返回故里。

1939 年春，陈阿友部邹坤宝等来到莘庄地区，与陆昌谷建立联系。他们一起用复写纸编印刊物，在本镇青年中秘密传阅，揭露日寇汉奸罪行，宣传抗日救亡主张，开始时定名《前进》，后改名《怒涛》，共出版四期。邹坤宝参加新四军江抗部队后，陆昌谷偕程永年也到苏州附近参加新四军。日军扫荡时，部队化整为零，两人回乡。1941 年 8 月，陆昌谷又由邹坤宝介绍，到苏北南通附近参加新四军。次年 5 月加入中国共产党。陆昌谷遂改名陆之江。

1943 年春，计永源、朱汝霖等创办《莘溪周刊》，由计永源任主编，共出版了四期。他们创办"莘溪交换阅读社""书刊阅览室"，团结镇上进步青年。

“松江城东”红色记忆

松江城东第一个党支部

抗日战争时期，颛桥集镇西部、莘庄乡镇、七宝南镇一带均属松江县，不属于上海县，当时人称“松江城东”。这里地处上海市郊交接地带，政出多门，因此中共地下党组织的活动比较活跃，敌后斗争丰富多彩。

1940 年初夏，中共青浦工委派黄自能（1919—2008，后改名肖望，七宝镇人）回到七宝明强小学执教，并在七宝、莘庄、新桥、华阳桥等地开展党建工作。

黄自能与奚天然、韩鸣皋、宋关通是松江师范学校同学，一向关系密切，先后发展 3 人加入共产党。

奚天然（1919—2015），松江县华阳桥人。就读于松江师范学校，1936 年 10 月 21 日，奚天然与黄自能等从松江赶到虹口，参加鲁迅先生追悼会和送葬活动。1937 年 9 月，松江师范毕业后，担任莘庄西李小学校长。1940 年，加入共产党（入党申请书是用钢笔蘸米汤写在纸上，接信人涂上碘酒后才能阅读）。

韩鸣皋（1919—1968），松江县新桥乡陈家巷人。1937 年 9 月，松江师范毕业后，在马桥小学任教。1939 年 3 月，加入共产党。

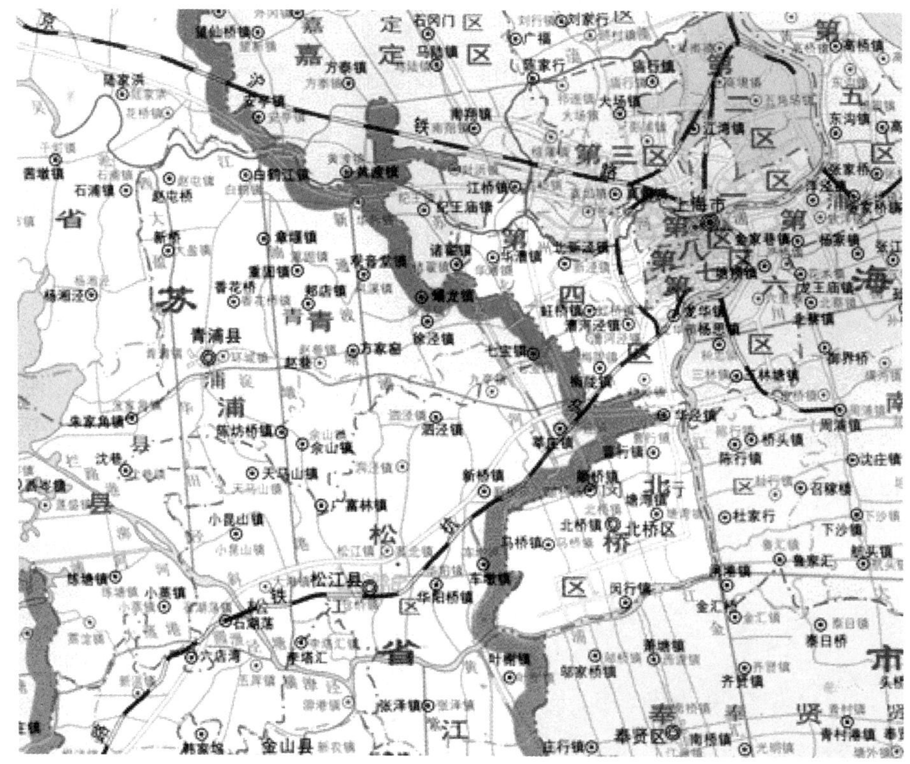

1940年前后本地区地图

宋关通(1917—1997),颛桥中沟斜桥头(今中沟村十组)人。1937年9月,松江师范毕业,在春申庙小学任教。1940年,加入共产党。

3人入党后,建立了秘密传递红色书刊的网络,把上海印刷的地下党文件和进步书刊传送到浙东新四军根据地,并带回根据地出版的《浙东日报》等,加强了上海与浙东之间的信息沟通。

不久,经宋关通引荐,奚天然从西李小学调到松江县立春申庙小学任校长。春申君庙位于莘庄镇南境春申塘畔,始建于明代。

1941年3月,由肖望主持在春申庙小学召开了党员会议,会上宣布成立中共松东地区支部,奚天然任书记,宋关通任组织委员,韩鸣皋任宣传委员,属中共淞沪中心县委领导,由黄自能单线联系领导。奚天然后来回忆称:"那天,在春申庙的佛堂背后挂上了自制的小党旗,补行了入党宣誓仪式。"此时,奚天然妻子王华已是中共党员。不久,夫妻俩在华阳桥镇寓所开设奚永源杂货店作为秘密联络站。

1941 年 5 月,他们建立了书刊报纸地下传送网,由上级送至莘庄宋关通处,由宋分送到七宝和华阳桥奚天然,再从奚传送至得胜港的浦永田,然后由浦传递给叶榭陈炎培,最后由陈分送至浦南地区。同时还传送到浙东新四军根据地。他们先后传递的有《上海周报》《时代》《西行漫记》《解放区见闻》《皖南事变真相》《论持久战》《中国革命和中国共产党》等书刊,并带回根据地出版的《浙东日报》等。

1941 年夏,肖望调往浦南工作。年底,由陈正华化名“华介眉”来领导中共松东地区支部工作,临时在春申庙小学任教。陈正华(1919—2015,原名华伯荣,无锡人),时年二十二岁。

陈正华来到西河浜

1942 年春,中共莘(庄)七(宝)区委成立,陈正华任书记,奚天然、彭宝庭(育浩)任支部委员,属中共青东工作委员会领导,时有党员 15 人,涉及七宝、莘庄、新桥、华阳桥、得胜港等地区。莘庄地区时有党员 4 人,其中肖楚材、庄秋韵夫妇在莘庄小学执教。

为了开展工作又隐蔽身份,陈正华调到莘庄镇北的西河浜小学执教,并出任伪娘娘乡公所文书、伪莘庄区公所办事员等职,逐步建立起广泛的社会人脉。

西河浜小学原为本地清末秀才张愚赓私塾,时有教工 3 人,规模不大,避于乡间。陈正华在西河浜小学组织的“青年读书会”,团结了一批本地青年。

本地十八岁青年张复兴(1924—1950),家境贫困,就此有了读书机会。他读书用功,成绩优异,加之年龄较大,十分机灵,很快赢得陈正华的重视,成为其小助手。

1942 年下半年,中共淞沪地委浦西工委书记陈振之及妻子李尚同,中共党员陆文杰、罗晓路等来西河浜隐蔽,分别担任乡爱民会长、民团教官、小学教师等职。西河浜随之成为淞沪地委联络站。张复兴又成为他们的小助手。

1944 年秋,中共松江中心区委成立,陈正华任书记,联系原中共莘(庄)

七（宝）区委的党员，属中共浦西工作委员会领导，直至抗战胜利。

娘娘乡抗征军警米

莘庄镇北郊（今莘北村、莘光村等地）日伪时期为娘娘乡（因时有娘娘庙），有五保四十七甲。1942年10月，划入松江县泗泾区。

1942年7月1日，日伪政府为消灭抗日武装，开始在太湖东南地区的第一期“清乡”，将沪杭铁路以北、吴淞江以南、莘庄横沥港以西划为太湖东南地区“清乡”范围（时属松江、青浦两县）。9月1日起，沪杭铁路以南、黄浦江以北以西、茜蒲泾和女儿泾以东（时属伪北桥特别区）和黄浦江以东、三林港以南为上海地区“清乡”范围。“清乡”期间，日伪军实施物资统制，严禁农村粮食、棉花、食油和城市棉纱、棉布、火柴、肥皂、糖、蜡烛、药品等生活用品自由流通，以致封锁线内外物品差价数倍。

1943年9月29日，汪伪政府又下令随田赋带征军警米，规定不论产米区和非产米区，每亩一律征米一升五合。本地农民不堪忍受，怨声载道，奋起开展抗征军警米斗争。同年冬季，附近的新桥乡农民800余人合力捣毁了强收军米的民生米厂。

1944年春，陈正华奉命在周家桥兼任“华丰米店老板”，确保地下武装所需军粮，并建立中共淞沪地委秘密联络站。

6月6日，伪虹桥警察大队到诸陈家宅等村催交军警米，砸物打人，引起公愤。中共地下党员徐林铨等抓住时机，鼓动村民开展抗议斗争。次日晨，174名农民携带被砸坏的物品，用独轮车运载伤员，分三路赶到义安路伪上海特别市政府门口请愿，围观者达千余人，以致交通堵塞。一个月后，当局被迫下文免征第四区军警米。

消息传来，娘娘乡农民也议论着如何抗征军警米，张复兴忙将信息报告给陈正华。陈正华闻讯，即回到西河浜，与中共地下党员陆文杰、罗晓路等研究决定组织本地农民开展抗征军警米斗争。

1944年11月20日，陈正华利用乡公所文书的身份，以保甲为单位进行串联,安排张复兴负责各处联络,从而组织起千余农民。

乡民们团结一致,揪来伪乡长黄添如带路,结队前往伪泗泾区公所请愿,抗议征收军警米。泗泾区伪区长慑于众怒难犯,只得答应缓征军警米。

在抗征军警米斗争中,西河浜青年张复兴、张德忠在陈正华的指导下负责联络工作,并加入了共产党。

颛桥燃起"红色火种"

1945 年 3 月中旬,中共松江中心区委书记陈正华,通过松江县莘庄乡立颛桥小学(在颛桥西街,初名振颛小学)校长宋关通的关系,来到颛桥地区开展工作。

在颛桥中心国民小学(在颛桥南街),陈正华遇见熟人谈勋。谈勋(1923—2018)是莘庄乡谈家塘人,早在两年前,正在读师范的谈勋在莘庄西河浜认识了陈正华,并参加了他组织的"青年读书会"。1944 年秋,未满二十岁的谈勋进入颛桥中心小学执教。他个性活跃,崇尚正义,在本镇青年人中具有号召力。

陈正华已了解谈勋的政治信仰,因此动员他加入共产党。谈勋又惊又喜,激情迸发,表示愿意跟其闹革命。他年纪还轻,喜欢自由自在,常年住宿在校内,暑假开始后,仍不想回莘庄度假,一个人独守在小学内。于是,陈正华悄悄搬来寄宿,早出晚归。由于谈勋的竭力掩护,这里成为相对安全的中共地下组织工作站。谈勋有机会听取陈正华对形势的分析,眼界大开,正式宣誓加入共产党。为配合陈正华的工作,谈勋刻印了数十份宣传新四军淞沪支队在浦西打胜仗和警告日伪军的传单,并在颛桥镇上张贴了十多份。

陈正华给谈勋带来了《续西行漫记》等进步书刊。谈勋自己订阅了《苏联文艺》《时代》《民主》《文萃》《周报》等刊物,并热情地推荐给本地青年阅读,宣传抗日战争必胜的信念。谈勋利用小学大门西侧的房屋创办了"众安阅览室",使进步青年有了一个可以经常秘密聚会的地方。

"红色火种"由此在颛桥小学与颛桥中心国民学校悄然播撒开来,从而

使不少青年人的心灵中萌发出向往正义事业的火花。在陈正华的指导下，几个二十岁上下的年轻革命者脱颖而出，酝酿着在颛桥地区闹革命的大戏。

据陈正华回忆录记载，1945 年他在春申桥遭遇了一次风险，原文如下：

当我们正要进房睡觉时，听到激烈的敲门声，边敲边骂："不开门老子就要开枪了！"接着，砰砰地响了几枪。我和吴鹤鸣马上躲到屋顶，我想这下真的出事了，忠救军游击队来抓我了，一旦被他们抓去，严刑拷打，必死无疑。想不到抗战胜利了，还会遇到这种危险，性命难保，十分伤感，刺激很深。但我并不惊慌，我想不能在这里束手待毙，要趁黑夜逃跑。我第一个从屋上跳下，非常顺利着地。吴鹤鸣跟着跳下崴伤了脚，但还能走路。敌人防守的是门和窗，我们跳下的一边没有门窗，所以没有被敌人发现，我的命真大！房屋周围有紫藤攀的围墙，吴鹤鸣力大用手捅了一个洞，我们钻出去到了稻田（稻苗已长得很高了），我想已离开了房屋，更要沉着小心从事。在稻苗的掩护下，把身上的白色单衣裤脱掉，穿着的短裤在泥里染一下，这样可以减少目标。再是在田里慢慢地爬，尽可能不要有响声。我们爬过稻田遇到了一条河，河水不深，我们涉水过去了。我想往西北是铁路，往西南是忠救军的老窝，只有往东走才能脱离危险。往东要过一条春申塘，河水较阔，河水较深。吴鹤鸣不会游泳，感到着急。我对他说"我不会丢下你不管的"。我急中生智，每人抱一块石头，增加重量，在水中不会上浮。两人手挽着手，一步一步地站稳在河中走。当水没顶时，屏住气或喝几口水，就这样不慌不忙地上了岸。上岸后停下来观察动静，我们躲在露天棺材旁的茅草里，那里很隐蔽，但蚊子咬得很厉害。忽听得河里有声音，生怕敌人来搜捕，定神一看是捕鱼的船。在那里听到村里人声狗叫声闹成一团，这是敌人在寻找我们。等到村里静下来，天也快亮了，我们准备往东过大路。我们在田间小路，边观察边移动（我还看见刺猬在棉花田里偷瓜吃），在接近大路时用泥块投过去，试探有没有人守候，在探明没有人时，一个箭步越过大路，再从小路走到宋立文的家。

泗宝区公所崛起

1943年夏，中共浙东区党委（谭启龙任书记）正式创立浙东抗日根据地和第三战区三北游击司令部（1944年1月改名为新四军浙东游击纵队司令部）。

1944年1月，解放区战场局部反攻，抗日战争进入新阶段。10月，新四军浙东游击纵队昆（山）青（浦）支队（原称“沪松支队”）第三中队进入莘庄、七宝、泗泾、新桥一带，开展抗日游击活动，并逐步站稳了脚跟。为了配合新四军战斗，陈正华奉命在沪杭铁路沿线组建“地下军”。

1945年初，浙东各界代表大会在梁弄镇（今属浙江省宁波市）召开，宣告成立抗日民主政权，称“浙东行政公署”，并决定将抗日根据地向上海扩展，要在淞沪地区选择适当地点创立地区行署。

于是，在上海近郊创立抗日根据地的工作迅速展开。

1945年4月，中共松江工委建立，由雷敏任书记。雷敏时任新四军淞沪支队衡山大队政委。

5月，在松江工委的领导下，中共泗宝区委宣告建立，由在本地拥有广泛社会人脉的黄自能（化名肖望）担任书记。为增强当地组织武装斗争的领导力量，中共淞沪地委书记兼军分区政委陈伟达的警卫员周清华（1922—1945，江苏兴化人）奉命前来担任区委委员。

5月23日（农历四月十二日），中共松江工委在莘庄乡西北角的吉家巷村（今属莘庄镇东吴村）召开泗泾、七宝、莘庄、新桥地区各界代表会议，宣告在上海近郊敌占区建立第一个抗日民主政权，定名“泗宝区公所”，公推黄自能任区长，进步人士赵克山任副区长。泗宝区公所下辖二十六个乡和泗泾、七宝、莘庄、新桥等四个镇，驻地选在松江新桥镇西的小圩里村（今九亭镇沧石桥村北小圩）。

不久，路南区公所（青沪公路以南）也宣告成立。

组建“茅山”中队

新四军淞沪支队衡山大队(即独立大队)从浦东进入松江地区,并抽调17人组成泗宝区公所武工中队,番号“茅山”,由周清华任中队长。就此,周清华率茅山中队活跃在七宝、莘庄、泗泾地区。

1945年春季,日伪忠义救国军第五支队开进赵庄乡(今九亭乡范围)逼捐,茅山中队埋伏于新桥要道拦击,毙敌9人,缴获短枪8支。

8月15日,日本宣告无条件投降。眼看抗日战争可以胜利结束,但是日伪军仍然没有放下武器。

8月18日,伪税警熊剑东部数百人,在七宝伪军头目李英杰部配合下,突然袭击我衡山大队、茅山中队和泗宝区公所驻地小圩里村。周清华率队英勇阻击,掩护衡山大队安全撤离。在战斗中,周清华壮烈牺牲,年仅二十三岁。

淞沪支队指战员立志为周清华烈士报仇。8月20日凌晨,向漕宝路七号桥伪军据点发起攻击,击毙了伪军头目李英杰。

不久,形势发生新的变化。1945年10月,淞沪支队和已暴露身份的中共党员奉命集体撤往苏北解放区,泗宝区公所随之撤销。

西河浜交通联络站

在抗征军警米斗争中,西河浜青年张复兴、张德忠在陈正华的指导下负责联络工作,并加入了共产党。

1945年1月,中共淞浦地委开辟了浦东至浦西的黄浦江秘密交通线,为了直通青东地区,将西河浜作为中转地。张复兴和张德忠自告奋勇担任浦西向导员,并在家中设立交通联络站,传递文件,接应战友,提供食宿。自1945年除夕之夜起,秘密交通线悄悄运行。

1945年2月24日(农历正月十四日)夜,新四军淞沪游击支队支队长顾复生率42人秘密渡过黄浦江,向青东地区转移,途经西河浜时暂留17人开

西河浜交通联络站原址

展宣传活动，乡民为之振奋。4月5日（农历二月二十三日）夜，淞沪游击支队三个大队585人摸黑渡过黄浦江，陈正华、张复兴、张德忠等安排他们分散宿营在西河浜、彭家塘等地，顺利完成护送任务。

淞沪游击支队衡山大队在七宝、莘庄、新桥一带开展游击战时，在西河浜农民家中设战地医院，药品由七宝党组织负责采购送来，请莘庄镇女医师徐毓秀前来医治伤病员。重伤病员由徐医师转送上海治疗。

1945年9月20日，陈正华、张复兴、张德忠等奉命随淞沪游击支队北撤。

不久，张复兴加入华东野战军一纵三师七团，历任连指导员、保卫干事等职，转战于江苏、山东、河南、安徽各地。

1949年4月，张复兴随军渡过长江，参加解放上海战役。

1950年10月25日，张复兴所在的第20军奉命赴朝鲜前线参加抗美援朝。他担任中国人民志愿军20军60师政治部保卫科干事。

同年11月20日起，抗美援朝第二次反击战打得异常激烈。12月9日，张复兴在古土水60师前线指挥所坑道入口处阅读一份战报时突遭敌机空袭，头部中弹不幸牺牲，时年仅二十六岁。

各自为政酿大案

1927年7月7日，上海特别市政府成立，拟设莘庄区，将时属青浦、松江县的七宝乡，松江县莘庄乡小涞港以及竹冈塘以东、春申塘以北地区划入上海特别市所辖区域。由于江苏省不同意，引发了巨大的社会反响，争执持续发酵，议案无法实施。结果，莘庄地区作为暂缓接收区，仍属江苏省松江县。

1945年抗日战争胜利后，上海市为了实施“大上海计划”，进行区划调整。当时，因莘庄地区离松江县治较远，一度由上海县代管，后因“补贴”松江县税收损失问题而未达成接收协议，为此松江县在莘庄镇上设立办事处，撤八个小乡，建立保甲制（设二十三个保，二百四十三个甲，其中含颛桥地区七个保），指派的镇保长大多是“鸦片鬼”。

1945年12月20日，上海市决定设立第二十六区（1947年4月，改名为龙华区），并将时属江苏省松江县的莘庄地区、七宝北镇（江苏省青浦县）和七宝南镇（江苏省松江县）划归其中。此举在莘庄地区再次引起巨大的社会争议。镇上的年轻人自然向往新的生活方式，因此大多支持划归上海市。1946年2月，莘庄小学率先改名为“上海市第二十六区莘庄国民学校”。

不久，莘庄镇上除原有的松江县莘庄办事处外，新建了另一个镇公所，属上海市第二十六区管辖。两者各自为政，互相对立，地痞流氓乘机作乱，而老百姓无所依从，户口要有两份，时常会与前来“调查户口”者发生争执，甚至发生了多起诬告“妨碍行政罪”的案件。为此，镇上的热血青年投书《沪西月刊》杂志，发出强烈呼声。

当局无能为力，难以调解，划界事宜由此搁浅，而且持续三年，久悬不决。镇上明明有两个镇公所，实际却处于“无政府状态”。

于是，镇上居民以是否“拥护上海市”形成了两个阵线，时常发生冲突，“上海派”青年一再检举镇上曾充当汉奸的县属镇长是“鸦片鬼”，而“松江派”一再指认“拥护上海市”的青年是“共产党”，因此当时的莘庄镇被人们称作“砖屑滩”（意为良莠不齐），以致终于酿成了一起大案。本镇屠品章，投靠日伪军充当汉奸，抗战胜利后逃亡在外而未受惩罚，1946年摇身一变，身穿海军服装返乡耀武扬威。当年深受其害的乡人怒不可遏，群起痛击。屠品章受伤身亡，众人却一时不明所以。“屠品章命案”发生之后，“松江派”认定必是“上海派”所为，趁机鼓动屠品章母亲屠张氏出面报警，诬告西街199号华昌棉布店陈访贤（时任保长）、陈访奇和西街232号阮升记理发店店主阮福林等是“共党嫌疑分子”，致使镇上有7个正义青年蒙冤。此案初由上海地方法院审理，开了四庭，结果交保候审。因划界未定，不久交给松江县地方法院审理，检察官先后来了一个又一个，案情却越审理越离奇，乡人皆见恨的汉奸反而成了保护对象，7个正义青年被当局无辜拘押了四个多月。

其间，南京内政部公布称莘庄地区仍属松江县。“上海派”青年急坏了，组成请愿团赶到南京城，经过半个月的申诉，内政部终于派员到莘庄勘察。面对“松江县为税收似未放弃，上海市为建设必须贯彻”的局面，划界再次搁浅。

于是，1947年底此案又重新移交到上海地方法院审理。30多个莘庄青年赶到法院做证，以为事实就此可以澄清了。谁料，检察官主观武断，不肯到实地调查，结果将被告陈访贤、陈访奇、阮福林3人又拘押了三个月。

为此，1948年的《沪西月刊》杂志一再刊发谴责文章，伸张正义，主张“为莘庄七君子呼冤”。

后来，乡人委托大律师姜怀素（国大代表、市参议员）和杨清源出庭辩护，才总算了结此案。

直到 1949 年 5 月 29 日,经南京行政院核定,莘庄地区正式成为上海市的辖境(其中原属莘庄办事处的颛桥一至七保划归江苏省上海县),各自为政的乱象才宣告结束。

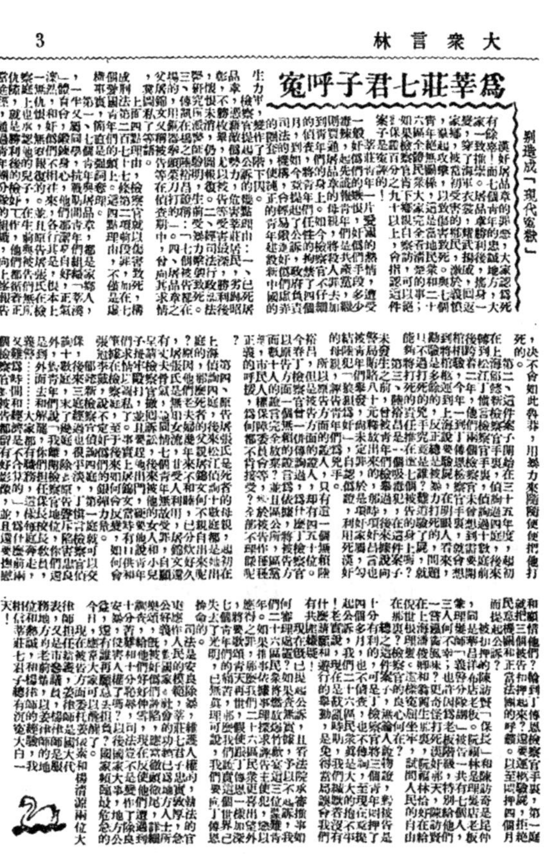

3 大衆言林

為莘莊七君子呼冤

剝造成「現代冤獄」

《沪西月刊》杂志书影

清末民初地方教育

清代晚期，莘庄地区的教育设施有义塾和私塾，以义塾为主。义塾由官商募捐集资创办，私塾由士绅延师在家中教读。

老镇上义塾有：乐善堂义塾，咸丰元年(1851)设于乐善堂内，有学生20多名；文星阁义塾，同治七年(1868)设于文星阁(三茅殿前身)，有学生30多名；莘庄义塾，同治十年(1871)由知县张泽仁捐款设于三官堂，有学生20名。

老镇上私塾有：阙氏私塾，同治十三年(1874)由阙心渊办于家中，延请塾师授课，有学生十多名；金氏私塾，光绪二十七年至宣统二年(1901—1910)由金振声办于家中，亲自授课，有学生十多名；沈氏私塾，民国八年至十八年(1919—1929)由沈安甫办于家中，延请塾师授课，有学生十多名。

镇郊乡村私塾有：李家塘叶家祠堂的叶鸿私塾、张家塘的三埭头私塾、赵家塘私塾、西河浜张愚赓私塾、冯家私塾等。

光绪三十一年(1905)，莘庄乡董高仰山在城隍庙格思堂创建“蒙正学堂”，学生六岁入学。光绪三十三年(1907)，创建“吴家塘学堂”，实施初等教育。

宣统元年(1909)，南张乡绅张溥泉在丁家桥横塘庙创建“蒙养学堂”，又

称“横塘书院”。民国元年(1912),改名为“松江县立横塘庙国民小学”,1个混合班,有学生20多名。1936年,设西李分校。1946年,改名为“市立横溪小学”。同年秋,改为“二十六区横溪国民小学”,扩充为3个班,并在陆昌庙、顾司徒庙设分校。

莘光小学与叶家祠堂

1958年开通公交徐闵线时,在沪闵路莘庄与梅陇车站之间,有个车站名为“叶家祠堂”,后来改称“莘光小学”。问起叶家祠堂和莘光小学的由来,大多说不周全。

叶家祠堂在梅陇镇西三里李家塘宅(后属莘庄乡西李村),建造者是上海滩富商叶鸿英。

叶鸿英(1860—1937),本名叶逵,福建同安人。1867年,随父亲叶丽水(?—1877)到上海经营水产业(家住徐家汇地区),后开展对日本的进出口业务,获利丰厚。1914年后,在上海开办面粉厂、机器厂、银行等,被北洋政府农商部聘任为顾问。二十世纪三十年代,他已拥有资产1 000多万元。

据《莘庄乡志》记载,清光绪二十一年(1895),叶鸿英在叶家祠堂内设叶鸿私塾。叶丽水逝世于1877年6月。据此推测,叶家祠堂可能建造于1880年前后。

1929年,时任松江县第五区(七宝)区长的李二白(字仲香,1899年生,莘庄乡西李村人)在家乡创建西李国民小学,隶属横溪小学(后称丁家桥小学),仅有1个班级,30名学生,教职工2人。

1933年10月,叶鸿英七十三岁,捐资50万元设立“鸿英教育基金会”,委托中华职业教育社,在漕河泾开办“鸿英师资训练所”(同“农村服务专科”合称“漕河泾农学团”)。1934年,师资训练所的学员们学以致用,在北桥、颛桥地区创办了3所“鸿英乡村小学”。据1935年出版的《农村改进》杂志第二期记载,创办鸿英第三小学的郁文焕等学员还在叶家祠堂协办“叶氏义务小学”,又称“西李村初级小学”,时有校长张访贤,教师陈白苹。1945

1948 年本地区航拍地图

年,有 3 个班级,100 多名学生,教职工 4 人。1947 年停办。

1949 年,西李国民小学有 3 个班级,142 名学生,教职工 4 人,为梅陇中心校分校。1951 年,并入沈家桥小学。

1958 年,修筑沪闵路时,沈家桥小学搬到叶家祠堂,改称莘光小学。1964 年,扩为完全小学。1966 年,为莘庄中心校分校。1972 年,独立后转为公办。1976 年,因开挖淀浦河,拆掉叶家祠堂,校址迁到瞿家湾。1985 年,有 6 个班级,144 名学生,教职工 12 人。

莘庄小学十三次易名

清光绪三十一年(1905),随着旧科举考试制度的废除,莘庄乡董高仰山(1920 年去世)创建了莘庄地区第一所新式学校,取名“蒙正学堂”,位于城隍庙的格思堂。

宣统元年(1909),学校更名为“迪新学堂”,设 4 个年级,有学生 110 人,教员 4 人,负责人仍为高仰山。

民国初期，学校改名为“莘庄乡立第一国民学校”。民国二年(1913)，松江劝学所在莘庄北街三茅殿建立松江县立第六高等小学，与第一国民学校仅一墙之隔。设3个班级，有学生100多人，先后任校长的有陈则忠、马昌期、徐纫荪。

民国十七年(1928)，两校合并为“松江县立第六小学”。翌年，改称为“莘庄小学”，有学生250多人，教员10人，历任校长有王舜琴、徐铭杰、费富生等。

1932年12月在莘庄小学运动场上留影

民国二十五年(1936)冬季，莘庄小学校舍(三茅殿)发生大火，大部分教室被毁。民国二十六年(1937)抗战爆发，剩余校舍又遭日寇破坏，学校被迫停办。

1941年7月，由地方人士集资募捐，修复校舍12间，学校重新开办，校长为钱万选、叶达权。其间，侵华日军曾强迫学校开设日语课程，但学校师生在中共地下党员肖楚才、庄秋韵的带领下，拒开日语课，反对奴化，维护了民族尊严。抗战期间，该校地下党员还组织当地爱国民主人士惩处了2名汉奸，鼓舞了地方民众的抗日士气。至民国三十四年(1945)学校已有7个班级，学生458人，教职工13人，同时又在西街乐善堂分设4个班级，有学生50人，教师3人。

1946年2月，由上海市教育局派施瑞麒为校长，复改校名为“上海市第二十六区莘庄国民学校”，设9个班级，有学生516人，教职员工17人。因校舍不敷,校方向地方各界募捐集资,又争取得到上海救济分会的拨款,于民国三十七年(1948)初,新建平房 15 间。至此,学校开始初具规模。

新中国成立后,学校由上海市龙华区文教股接管,于 1951 年 2 月改名为“莘庄镇小学”。

1959 年,学校被列为上海县重点小学,时有 23 个班级,学生 114 人,教职工 39 人,学校积极开展教育教学的改革,进行了“视听同步”的教学研究,掀起了电化教育的热潮,在全县小学中发挥了示范带头作用,迈出了上海县小学电化教学的第一步。

二十世纪五十年代莘庄小学体育课情景

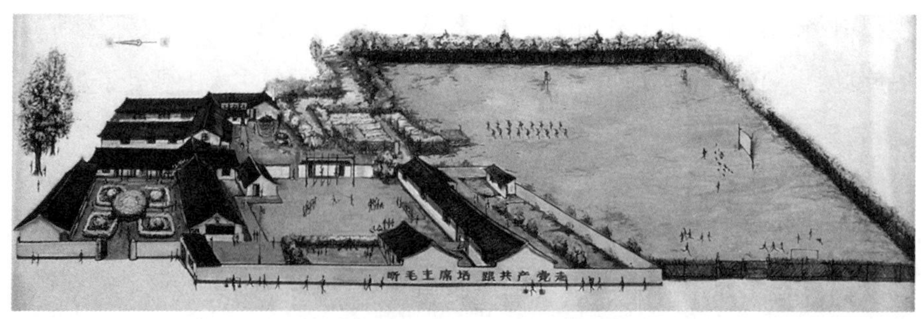

二十世纪五十年代校舍示意图

1961 年 5 月，校园内终于建成了一幢三层教学大楼，计面积 2 600 平方米，划归莘庄公社管辖，1962 年改称为“莘庄中心小学”。

二十世纪六十年代小学校舍

1969 年至 1977 年，学校下放由莘庄公社莘北、青春两个大队联合管理。1978 年 10 月，划为上海县教育局直属单位，并被上海市教委列为全市 26 所重点小学之一。

1979 年 1 月 25 日，学校易名为“上海县实验小学”，设十六个班级，有学生 696 人，教职工 43 人，学校承担实验示范两重任务。1984 年学校发展到 20 个班级，学生 786 人，教职工 58 人，开展“注音识字，提前读写”的实验。1987 年，全校共设 27 个班级，其中部分班级迁入莘潭路新校舍，剩余班级，仍在原校舍，于 1988 年复名为“上海县莘庄镇小学”，时有 12 个班级，学生 480 人，教职工 37 人。教学设施虽极为简陋，但学校因地制宜，积极开展了富有趣味的多种形式的课外教育活动，组织了语文、书画、体育、艺术、卫生、工艺编结、科常、棋类 8 大系列，列分了 20 个兴趣小组。特别是大力开展了“红领巾读书读报活动”，在县内颇有影响，取得了较好的成绩。1991 年 9 月，学校迁入莘浜路 315 号新建的校舍，占地面积约 1 万平方米，设有 15 个班级，有学生 626 人，教职工 48 人。

1993 年，莘庄地区的小学校分建为“闵行区实验小学”和“闵行区莘庄镇小学”。

莘庄镇小学被列为闵行区窗口学校,设 16 个班级,学生 695 人,教职员工 57 人。随着莘庄地区的迅猛发展,生源大量涌入,2004 年 9 月,一所占地 2 300 余平方米,外观漂亮、设施齐全的莘庄镇小学(南校区)在莘西南路 399 号正式开学。至此,学校南北校区有班级 32 个(含 2 个辅读班),学生 1 142 人,教工 101 人。如今,北校区迁入莘中路 35 号原莘庄中学校址。

闵行区实验小学拓展步伐更大。学校现有莘松(莘沥路 203 号)、春城(伟业路 228 号)、畹町(高兴路 389 号)和景城(集心路 201 号)4 个校区。

松江师范学校

1922 年 7 月 23 日,松江县立甲种师范讲习所创办于三茅殿,负责人钱国培,设 1 个班级,学生 50 多人,全部住宿,并设有附属小学。

1924 年,第一届学生毕业后,更名为“松江县立师范学校”,校长陈贵三。是年因发生江浙战争,学校一度停办。

1932 年,该校迁回松江城内。

莘庄口音从松江转到上海

方言以及口音自幼养成，一时难改，是地方习俗特点的重要标志之一。莘庄地区原住民的方言口音，外人初听感觉是“一个腔调”，而细听多听会发现其中“各有奥妙”。自古以来，因“镇上”与“乡下”的生活环境有所差异，莘庄原住民的方言口音确实有“软”“硬”之别。甚至世居“老镇东头”与世居“老镇西头”不同区域的原住民，说话口音也存在差异。老古话说“一方水土养一方人”“十里不同风”，早有乡人戏言称：从小喂的奶水、吃的井水有的软、有的硬，隔条田岸说白话，各自口音不一样。

根据声调（调类、调值）的差异，今上海市地区分成六大方言区：市区方言区（即新上海话区，现今通用的上海话）、老上海方言区、崇明方言区、嘉定方言区、练塘方言区、松江方言区。

因区划几番调整，时代持续变迁，莘庄方言存在“老派”“新派”“现代派”之别。不同年龄层次的莘庄人，对同一事物的表述，从发音、称谓、习惯用语乃至语法结构，明显存在差异。随着时代变迁，莘庄人的方言及口音逐步从“松江”转到“上海”。

老派：松江方言区

松江方言，属于吴语太湖片苏沪嘉小片。一百年以前的莘庄本地人，说话用的主要是“松江话”。

莘庄老镇在元、明、清代六百多年间，始终是松江府华亭县最东部的一个小镇，上海是其邻县地区。明清时期，莘庄与松江之间保持着浓厚的亲缘关系，人际交往极为密切。本土人士大多以“筑梦松江城”为重，发迹后前去建造别业，以期子孙得益。

因此，“松江话”自然而然成为元、明、清时期莘庄方言的主体，而且其口音影响至今。

当时的莘庄方言比较完整地保留了中古语音系统中的全浊声母，区分尖、团音。尤其难得的是所用词汇朴实而丰富，动词使用精准，形容词颇具机趣，口音虽然稍显急促，但声调不失软糯的韵味，饱含着江南文化特有的风情。

土生土长的褚半农经过 7 年努力，精心收集、整理了原住民中大量流传的、已经消失或正在消失的特色词语近 9 300 条以及本地民俗风情词语 1 000 多条，撰写成《莘庄方言》一书，2013 年由学林出版社出版发行。

新派：老上海方言区

自清代中期起，上海老城厢日益壮大繁华，对莘庄人的影响力逐步超过松江城。时有本地人士“闯荡上海滩”，谋求发展。在维新思潮的推动下，不少莘庄人崇尚“海派”风习，促使莘庄方言及口音越来越偏向于上海老城区的“上海闲话”了。

1912 年，步入民国时代，撤销松江府。1914 年，华亭县改称松江县。1927 年下半年，国民政府确定上海为特别市，曾一度将莘庄乡竹港以东地区划入市区，后因江苏省不同意而作罢。

眼看“松江”远去，莘庄地区的年轻人求新善变，率先使用流行时髦的“上海闲话”，用词显文雅，口音更软糯，新词汇层出不穷，而一句“哆去哆来”竟然成了莘庄人的经典用语。老年人仍坚持一口祖传的“松江话”，被俗称为“土话”。而中年人则两头兼顾，新老混合，以致出现“一家人说两家话，三代人口音各管各”的现象，但是彼此间交流毫无障碍。

不少“松江话”同词随之消失，如“户荡、场化”被“地方”取代，“外势、里势”被“外头、外面、里头、里向”取代，“下半昼”被“下半日”取代，“日头”被“太阳”取代，“癞团”（蟾蜍）被“癞蛤巴”取代，“蓬尘”被“灰尘”取代，“话”（说）被“讲”取代。

现代派：新上海话区

1945 年 9 月抗日战争胜利后，因莘庄离县治松江城较远，一度由上海县代管。1946 年，莘庄划归上海市二十六区。1949 年 7 月，莘庄乡和莘庄镇，隶属于江苏省上海县。直至 1958 年 1 月 17 日，国务院批准上海县从江苏省划属上海市，莘庄地区完全属于上海了。1960 年 12 月，上海县人民政府迁至莘庄镇，莘庄更有“上海腔调”了。

从此，莘庄地区人际交往频繁，人口结构变化，老派的“松江话”被淹没了，号称新派的“老上海话”也显得“太土”了，加上全社会推广普通话，人们为求得日常交流口音相近，互相兼顾，逐渐形成适应各方的通用方言。于是，一种“新上海话”在新世纪应运而生。

不少年轻人所讲的“新上海话”，只求交流随性，放弃地方特色，方言文白混杂，词汇大量缩减，缺乏“松江话”所拥有的地方人文内涵，又缺乏“老上海话”所拥有的“上海腔调”，甚至因有人过于随意地使用“上海话”，造成词义认知的混乱。

当下，多数莘庄人喜欢的还是“老上海话”。然而，要想完美传承正宗莘庄口音的“老上海话”，已经不是一件容易的事了。

朱五家

朱五家，位于莘庄老镇东，原属莘庄乡莘东大队，朱莘路经村南。今为地铁莘庄站南广场。

传说清代时，在西竹桥头有一个小村落，住着朱姓五兄弟，合家种田兼开油坊。他们婚后数年，除老二喜得一子一女外，其余四房均无后代，五房合一子。父、伯、叔把传宗接代的希望都寄托在朱老二的儿子一人身上。谁知，那小子不求上进，成了游手好闲的花花公子，还结交了一帮赌棍，而且越赌越凶，越输越赌，结果把整个家产押进了赌场。家产输光后，又偷又抢，成了恶棍。

人们纷纷指责朱家“养不教，父之过”。朱家人感到逆子无药可救，若听任其胡作非为，实在无脸面对众乡亲，更对不起祖宗。商量再三，痛下决心。

第二日天没亮，人们就看见往日生意兴隆的朱家油坊，已经成了焦土瓦砾。朱家一家门全被烧死了。

不久，四方逃荒者到此建立家园，才有了新的村落。为了告诫后代，牢记赌博的危害，人们仍将地名称作“朱五家”。

王十八

王十八，位于春申塘边，原属莘庄乡莘联大队。

老辈人时常讲，明嘉靖年间，黄浦江边有十八个年轻的壮汉，全姓王，以捕鱼捉虾为业。他们聚居在一起，那里人称王家码头。十八壮汉个个力大无穷，徒手能提起两只百来斤重的石臼，行走如飞，而且气不喘，脸不红。发现河里起个浪花，手里的鱼叉触出去，定能捞条鱼上来。为首的王大哥，更是身材魁梧，胆气豪迈。

一天，他们正行船捕鱼，突然迎面遭遇一帮倭寇。恶贼们凭着船大势猛，用挠钩扯破他们的渔网。十八壮汉不甘心受此欺侮，上前评理，但恶贼照旧横行。结果，经过一场决斗，十八壮汉把恶贼打得落荒而逃。

可是，那帮倭寇就此生出毒计，趁一个黑夜，闯进王家码头，放火烧了十八壮汉的船只，还扬言要斩草除根，杀尽王姓人家。

十八壮汉心地善良，生怕连累王家码头的百姓，就决定集体隐居他乡。他们驾船沿黄浦江往南而行，走了数十里，突然转弯进了一条支流，朝西又走了数十里，见北岸有个地方半岛特别多，地势易守难攻，就选中一块高地，伐树砍木，盖起了十八间住房和一间总客堂。从此，他们农忙种田，闲时捕捞，附近的姑娘看上了他们，一个个在此成了家，日脚过得蛮快活。

人们称他们的住宅地叫“王十八”。而他们忘不了当初住在黄浦江边，因此将村前的河道称作“春申塘”。随着时代变迁，子孙繁衍，又造起新村，名为“王家浜”。

盛家巷

明代时，莘庄镇北面盛家巷有个大财主，号称“盛百万”，购得方圆几十里的田产。他夸口说：“我出门不踏人家一寸土，如果踩了他人土地，要我多少钱就给多少钱。”

一天,盛百万坐四人大轿从七宝镇上回来,突然肚痛难熬,匆匆停轿,到一块稻田里解手。正巧,被稻田的主人看到,田主说:"你今天已走到我的地里了。"盛百万死要面子,只得按每稻穴一块大洋计,支付了两千四百块银元了事。

但是好景不长,盛百万由于荒淫无度病入膏肓,临终前怕儿子盛憨大不会理财,挥手留下哑谜遗嘱,暗示治家之道。

盛憨大实在憨得出奇。一天,他看戏回来问人家:"世上到底什么东西最好看?"有人回答说:"火烧。"憨大就要去烧自己的房子。人家又告诉他:"烧旧房不好看。"于是他大兴土木,盖好一幢新房子。工匠刚撤走,憨大立即点火烧房。邻居看到起火一齐来救,他却一眼不眨地拍手说:"快快烧,快快烧,红红绿绿真好看!"顿时风助火势,烈焰腾空,新房成了瓦砾堆。

不久,百万产业就被盛憨大消耗殆尽。后来,买了他家房屋的冯家,在翻建新房时,发现砖墙中埋有金条银元。消息传到盛憨大耳中,他才想起老子临终前曾有"房子只准拆卖,不得整卖"的遗嘱,但为时已晚。

马桥头

很久以前,有位武士骑着骏马匆匆路过此地,过了小桥忽遇岔路,见桥堍有个老农在拾田螺,便坐在鞍上喝问:"喂!到校场朝哪走?"老农闻声,头也不抬地随手一指。

武士催马又奔,可是越走越觉得不对头,只得再次向孩童打听,方知背道而驰了。他拨转马头奔回岔口,正欲挥鞭猛抽老农时,只听老农在唱"问路先施礼,无礼自倒霉……"武士猛有所悟,忙翻身下马,双手抱拳,躬身说道:"老伯,刚才下官失礼了,请多见谅,望老伯指点,到校场该朝哪条路走?"老农慌忙答礼,把他引上去校场的路。武士再次在桥边调转马头,再三谢过老农,扬蹄而去。

于是,后人将那小桥称作"马桥",桥旁的村宅人称"马桥头"。1956 年建筑七莘路时,小桥扩建为水泥桥,村宅迁址。后来,这里建莘浦中学。

府坟头

在莘庄乡赵家塘西面有片河滩地，人们称它为“府坟头”。

相传明朝时，这里是个乡村集镇，开设了七八爿小店，油车浜在镇后流过。镇上有一爿豆腐店，老板叫赵良，爷娘已相继去世，但未曾落葬，正想拣一块风水地，让爷娘早日入土为安。

一天早晨，有位算命先生到豆腐店来喝豆浆。赵良就请他算阴阳。先生看看想想，若有所悟，把手朝屋后头一指：“伏龙地近在眼前，还找什么？”赵良一听十分高兴，忙上前一步：“请先生再算一算时辰。”先生掐指一算，说：“眼前正是卯时，再过七七四十九个时辰，便是四天后早上辰时，对了！这是个大吉大利的好时辰。”赵良把先生的话一一记牢了。先生又讲：“我再送你三句话，如果应了，就可落葬。”他顿了一顿说：“世上只有人骑马，侬要等到马骑人、铁帽沉沉戴头顶、鱼儿爬树才算好时辰。”赵良一听，心想：“马怎会骑在人身上呢？世上哪有人去戴只铁帽子呢？鱼儿上树……唉！瞎绕瞎绕，这位先生明明是在寻我开心呢！”赵良正要问问清楚，奇怪的是，先生人不见了！

戚家湾雕花仪门楼遗照

眼看四十八个时辰过去了,一切准备定当,亲眷朋友纷纷赶来送葬。可是偏偏老天不帮忙,突然落起了大雨,赵良很是尴尬。正在此时,只见来了一个木匠,手里拿着锯、刨,肩胛上掮一只木马,急步奔到大树下来躲雨。转眼又奔来一个人,他头顶着一只新买的铁锅子,冲到大树下躲雨。

雨总算停了,坟地上顿时热闹起来,亲眷朋友催赵良动手落葬。赵良不肯,算命先生叮嘱的三句话还未曾全部应验呀!正巧,有一个农民手里拎着一串活鱼,路过坟地把鱼朝树上头一挂,过来看热闹了。赵良看在眼里,喜在心里,三句话全部灵验了!

真是巧中还有巧。若干年后,赵良当上了官,赵家飞黄腾达。从那时起,当地人就把这块坟地称为"府坟头"。

伲张家门口

建世德堂

我张氏家族世居莘庄镇，祖业为普通布商及染坊。

清代晚期，传至张莲洲，他的母亲二十五岁守寡，他为遗腹子。祖传薄田 5 000 平方米，母耕织，子勤读，曾捐得监生（秀才）名分。据《松郡属采芹录》记载，在太平军发动上海战事期间，清廷为筹军饷，特许捐输，增加府、县学生员名额。咸丰九年（1859）已未岁试，上海县学增额十名，张莲洲榜上有名，取为例生。

张莲洲成家后，在莘庄镇十字街口会龙桥（俗称“平桥”）堍经营祖传的“张泰兴染坊”，专为自行织布者染纱，为出售土布者染色，市口优越，手艺讲究，生意兴隆。同时，在南街靠近栅口处翻建了老宅院（后为南街 108 号），悬匾额为“世德堂”，其母亲咸丰年间得赐“贞节”匾一方，亦悬厅堂内。

张莲洲与莘庄士绅高仰山（莘庄乡董，莘庄南街人）、金振声（1858—1929，字寄洲，莘庄中街人，清末秀才，投身辛亥革命）、沈安甫、张虞赓（1858—1933，字愚耕，号乐韶，镇郊西河浜人）等均有交往，有的结为姻亲。

张氏杨姓

张莲洲生有一子一女。儿子名福生,是个哑巴(后来被火车轧死),娶媳是聋子,无生养。女儿张静贞(1873—1956),1899年赘婚杨守知(1875—1943,字一鳌)。

当时,杨守知为李永兴染坊伙计,入赘后改张姓,取名福根,常用名张守知,在平桥南堍负责经营张泰兴染坊。

杨氏先人在莘庄镇上开设"仁本布庄",为世家大族,老宅在镇西栅口曲尺湾莫家弄底东侧,以"杨家大厅"建筑著称,额"中正堂"(1988年拆除)。因家道中落,后人散居各地,有的聚居西街杨家弄堂,称"东杨",而西杨老宅易主,改称"胡宅里"。杨氏子孙大多移居松江城内,同胞手足有十人。大女嫁松江洞泾夏家,二女嫁莘庄高仰山之子高克顺,三子杨守廉(字丕绳)居松江西门外秀野桥(中医,即杨南园之父),四女嫁莘庄金寄洲,五子(字味三)入赘冯家旗杆高姓人家,六子杨守勤(字一龙)居松江东门外大街(即杨遇春之父,在松江县署任幕友),七女嫁莘庄南街张家,八子早年夭折,小女嫁松江卖花桥沈家(沈天一药店)。张守知排行第九。

张守知生有二子四女,为纪念祖宗杨姓,长子取名为张祖杨(1903—1970,字湘谷),次子张宗杨(1912—1981,字岱云,以字行),长女张志高(嫁沪杭铁路监工徐廷璋,住松江城内)、次女张志清(嫁千步泾朱少梅,住湖州)、三女张志明(嫁莘庄张与仁)、小女张庆芳(幼年由松江罗尊三收为养女)。两个大女儿受过高等教育,可惜没有多大作为。

遭遇兵痞

1924年,张守知集资在染坊南面增开丰泰兴绸布店和布庄,设有3个门面,因地处平桥堍南街口,初开张时生意不错。布庄收购白布,由染坊染成色布,向南销到浙江金华、兰溪,向北销到华北、东北,因业务量扩大,繁忙时雇用 40 多人。张守知常年奔赴各地,热衷建立营销点。他在上海八仙桥另有所爱,私生一子(小辈称其“鸿伯”)。

这一年九、十月间,丰泰兴绸布店刚开张不久,就遭遇了直系军阀江苏督军齐燮元与皖系军阀卢永祥的“江浙之战”(亦称“齐卢战争”)。

莘庄镇地处沪杭铁路重要站点,驻扎着浙卢联军一个团。连日来,他们眼看一列列火车驶过,满载着从杭州方向去上海的败退队伍,顿时成了惊弓之鸟。

10 月 15 日,得悉总司令卢永祥出逃日本的消息,浙卢联军不知所措。兵痞们在不良长官的暗示和纵容下,就趁火打劫捞横财。傍晚,一伙又一伙散兵游勇上街滋事。一时无法敲开东街同康典当的大门,就回头转向抢掠沿街商铺。在平桥堍的丰泰兴绸布店、中街老字号宏兴泰南货店首先遭殃,货架上的货物顿时被洗劫一空。这一夜晚,整个莘庄镇上家家恐慌不安,人人提心吊胆。那些末路行劫的败兵,得手后收拾行装,赶紧挤上东去的列车,向上海方向逃窜。

又遭不测

张祖杨比胞弟张岱云年长九岁,娶翁板桥叶家村李秀英(1901—1960)为妻。

1932 年,张岱云迎娶松江县洞泾乡姚公桥(今属洞泾镇渔洋浜村)沈季英(1911—1999)。

当时,张氏家族人口增多,店铺日旺,家中每天有 50 多人吃饭,雇佣一名孟姓厨师,三个媳妇担当下手,还要种 3 600 余平方米田地及菜园。

1937 年七七事变后,上海地区物价飞涨,钱币贬值,而张家店铺以存物为流动金,水涨船高,未受损失。

1937 年 10 月 23 日,侵华日军飞机侵入莘庄镇上空,接连投弹轰炸,全镇陷入灾祸之中。

眼看情势危急,张守知慌忙租用 13 艘货船,装满丰泰兴绸布店内的绸缎、服装和张泰兴染坊内的白布、色布、棉纱以及家里值钱的财物，由染坊师傅押运，送到松江洞泾姚公桥避难。

三个月后，局势稍有平息，张家从松江运回两大船棉纱，而其他财物遭到当地土匪抢劫，损失惨重。张家店铺就此负债累累，举步艰难。而且，遭劫事件谁也无法理清来龙去脉，致使大房与二房儿子媳妇之间引发了种种猜疑，经年难解。

分户自立

1940 年 12 月，张守知因年老力衰，难理家务，无奈提出分户自立，将店铺交两个儿子经营，北面门店“张泰兴染坊”（估价洋一千元）归张祖杨，南面门店“丰泰兴棉布庄”（估价洋五千元）归张岱云，南街世德堂住宅北面一进归张祖杨，南面一进归张岱云，中间一进的墙门间、天井和客堂均公用，8 000 平方米田地暂留其自耕自收。考虑到张祖杨经营染坊恐因经济乏力困难，由张岱云无条件补助其靛青一百斤。张守知夫妇由两个儿子轮流奉养，并按月各支二十元做零用。以前人欠、欠人各种款项列出清单分派两个儿子承担，张祖杨负担洋三千六百二十元，张岱云负担洋四千多元。

分户时，由松江伯父杨守勤、莘庄姨夫高克顺做证人，由小女婿朱少梅代笔，当场立下协议书，并强调“须知产虽分派，谊属一本，务各互相扶助，永存雍睦家风，有厚望焉”。最后补充称，日后分田时，十五分之六（2 000 平方米）应赠予长孙张视清，其余 6 000 平方米由两个儿子平分。

当时坊间有议论说，张祖杨儿时曾经惊厥，吃热药而损伤了脑神经，智商偏低，而张岱云是母亲四十岁时养的宝贝，因此分户时父母自然有所偏爱。

经营新店

1941 年，张岱云从本镇财主沈念祖手中租下平桥北堍东街 145 号房屋，

开办丰泰兴洋货号。店铺地处十字街及市中桥堍(俗称“平桥头”),有三个门面,上下楼房,前开店后居住,市口极好。

丰泰兴洋货号经营棉布外兼百货。随着生意的拓展,除老伙计顾照生(人称“矮伯伯”)外,先后还雇用了赵福顺、赵生财等伙计,以及学徒步培方。新店日益兴旺,引人眼热,难免招惹是非。

1943 年冬季,晚年抽鸦片的张守知患上肠癌,不治身亡,终年六十八岁。棺木在世德堂内停放三年后落葬。

张泰兴染坊就此缺了顶梁柱,陷入困境。因张祖杨不会计算做账,其妻无力外出购料,长子张视清年仅十三岁在读小学五年级,只得停学接手账务,怎奈资金时常断流,而且日伪时期生意极为清淡,“百年老店”就此没落,靠亲朋邻里间“做会”(民间集资)维持经营。

遭受欺诈

1949 年初,时局动荡,人心不安。镇上大财主沈念祖企图外逃避难,急于变卖房产,便仗势欺诈租客。

一天深夜,沈念祖及周福海、汪淑贤等敲开“丰泰兴”的店门,硬逼张岱云三日内出资购下所租房屋,开价一百五十担大米,否则立即搬出 145 号。偌大的店铺岂能说搬就搬,一百五十担大米又无法立即支付,张岱云走投无路,再三哀求沈念祖宽容。而沈念祖不肯罢休,幸亏有对门开肉庄的翁关其、沈进书两家伸手相助,各拿出二十五担大米借给张家支付房款,并给沈念祖立下欠款字据,才算过关。

当年 5 月,上海解放。恶霸地主沈念祖被人民政府镇压,财产充公。东街 145 号随之属于公房,张岱云继续租用开店,与沈念祖立下的字据自然作废,翁家、沈家为张家垫付的五十担大米随之成为一笔沉重的债务。

就此,张岱云连年负债经营,全靠洞泾岳丈家不断接济。于是,在东街口环龙桥畔重新开设染坊,想靠老本行扳回局面,结果并无成效。至 1949 年底,张家生养了三子四女,日显人丁兴旺,但是家境却难以改善,负债重重。

土改时，划定成分为“小业主”。

那五十担大米的债务，张家一时无力偿还，原本亲近友善的邻舍为这笔债务陷入日趋剧烈的民事纠纷。前账无法如实结清，而145号的房租又成了新的债务，张岱云处境艰难。

1956年，全国工商业实行公私合营，丰泰兴店铺随之结束经营。1958年，张岱云全家迁回到南街108号世德堂旧屋居住。而所欠的“房债”还得从张岱云每月工资中陆续扣还，直到他1981年去世之前方才了结。

南街108号张家后人

第三章 名人逸事

朱大韶画像

西河草堂遺稿

子遂謝絕塵事獨樂其樂黎明即起徒步赴市與田夫野老啜茗清談殆無虛日銷聲匿跡其荷篠丈人之流歟長吟短詠其康節擊壤之亞歟嗚呼無意於爲詩而詩存無意於求名而名傳此其中若有天焉天何言哉余亦默爾息矣共和建國之二十四年冬十一月媚世弟上海秦錫田謹序

西河草堂遺稿　華亭張樂韶虞賡著

丁未元宵書

人生能得幾元宵吟興添時遊興消惆悵梅花半開落風吹雨打更瀟瀟

寒食偶成

白楊瑟瑟日遲遲惆悵東風獨立時杜宇啼殘芳草碧招魂怕讀楚人辭

滕王閣

高閣插飛流千年帝子樓騷人新賦詠都督舊交遊島嶼中天月波濤萬壑秋臨風憑弔處夕汐沒蘋洲

西河草堂遺稿　一

《西河草堂遺稿》书影

卫家坟头之谜

莘庄镇上原有一处地名很引人瞩目,位于莘庄中学大操场地面西南隅,人称“卫家坟头”。1937 年 10 月 28 日,日本军机狂轰滥炸莘庄,投下 8 枚炸弹,死伤 23 人,毁坏房屋百余间。其中有一枚炸弹落在卫家坟头,未见爆炸,留下见深 3 米的弹坑。不少莘庄人曾看过现场,印象特别深,因此本地老人一讲起日本强盗的滔天罪行,就会提到卫家坟头。

这是一块“风水宝地”,老人们回忆说,这里三面环水,非常风光。北濒莘庄市河,西依大富浜,南临三官堂浜,东经“缺口里”“穿心弄”直通南街。沿西街曲尺湾折南行,是跨市河石桥“登云桥”(又名“侯家石桥”)。至小西街东梢,跨大富浜上的“营房桥”,向东望即是卫家坟头。清末民初,七宝富商孙翰青在此建造名为“粟园”的私家花园。

这块坟地的卫姓主人,是何许人?应该是一家名门望族。

查阅明正德《华亭县志》卷十五“人物·名臣”和清乾隆《华亭县志》卷十二“人物·名臣”,有称“莘庄人”和“先世居莘庄”的卫青、卫颖,居然各立传记。卫青和卫颖,均为明朝军功卓著的名将,其生平事迹据传记大致如下。

卫青(?—1457),字明德,卫炳之子。传记称“世力农”,幼时牧羊于“马嗜寺前”,其“状貌雄伟,倜傥有气概,勇而善谋”。是一位出身贫寒的农家子,又是足智多谋的武士,为朱元璋建立明朝立有大功。早年,随父亲卫炳投身朱元璋农民起义队伍。洪武年初,在蓟州从军“卫百万户”。因抵御燕兵有战绩,不久升任济南卫指挥使中都留守司。永乐十八年(1420),山东蒲台唐赛儿起义人马猛攻安丘。正在海上阻击倭寇的卫青,闻讯即率千余骑参与镇压。后与安远侯柳升有矛盾发生争执,被诬告而入狱。新继位的宣德皇帝知悉,念其有军功而恕罪释,升任山东都指挥使。正统元年(1436),升任右军都督佥事,专职防御倭寇。天顺元年(1457)六月,突患时疫不适,医治二日即逝世。葬于济南东郊历城鹊华乡。登州、莱州百姓念卫青恩德,特立祠庙祭祀,备受尊敬。

卫青有十一个儿子。长子卫睶,袭济南卫指挥使,不幸英年早逝。由次子卫颖续嗣。其他诸子在济南、登州、莱州落户生根,唯第九子卫显返回老家松江府华亭县。

卫颖(1411—1498),字源正,卫青次子。传记称“丰颐广颡,语音如钟”。代兄袭济南卫指挥使,“选督山东漕运,领京营操,以勇干闻”,显示出智慧才能。及在正统朝时一系列时局变动中,内护朝纲,外御敌侵,屡建大功,一路晋升。由都督府佥事,升都督同知。充辽东总兵官,出守宣府,还督京营兵。天顺初年,升左都督。十一月,封“奉天翊卫宣力武臣柱国宣城伯”。食禄一百一十石,赐铁券,子孙世袭。成化年间,挂帅出征西番,继又挂印讨伐辽东,战果累累。后以疾病乞归,授命守备凤阳、南京。连疏请老,诏还北京。“俾食其全禄,以伯归第。”弘治十一年(1498)正月二十八日,卫颖病故,终年八十八岁。追封“宣城侯”,谥号“壮勇”。

卫颖传记中有一则故事,能见卫颖“怀乡思亲”之殷切溢于言表:“颖天性明达,遇事有谋而能断,尤笃于伦理。甫冠,都督公卒,哭几丧明。抚其孤弟侄、群弟皆有恩意。以家在松江而都督公葬历城,每遇二邦人如见亲戚。存问故旧,叙述平生,极其欵曲,曰:吾老矣,水木本原之意,吾后人安知?”

“华亭卫氏”树大根深。从宋至明,卫氏家族名人众多,散居各地。元代,在莺窦湖畔有文化名士卫子正、卫德辰独享田野隐居之趣。南宋淳熙十

一年(1184),奉贤县萧塘的卫泾(字清叔)状元及第。奉贤人称卫青是萧塘人,而明正德《华亭县志》称卫青是莘庄人。

莘庄卫家坟头里安葬者是卫氏哪些族人?是卫青的先世,还是返乡定居华亭的卫显后人?这些成为历史谜题,有待进一步揭晓。

礼部尚书朱恩世家

朱氏家族定居莘庄

明代正德五年(1510),莘庄人朱恩(1452—1536,字汝承,号慈溪)担任南京礼部尚书。

朱恩的祖父朱孟,字慎恒,出任监察御史。祖上为河南通许(今属开封市)人,随南宋朝廷南渡,几经周折,以松江地僻可避兵难,父辈选择在七宝地区安家。

朱孟祖父朱道华,父亲朱士清,明代初,乌溪大户赵惠卿召朱士清入赘为婿,而朱士清得知赵家过于炫富,今后必将罹法,因此有意外出回避,果然免去了一场灾难。

后来,朱孟率全家迁“莘庄里”横泾港畔定居,建成“朱家塘”。清乾隆《华亭县志》称:“朱尚书恩宅,在莘庄镇。”光绪《重修华亭县志》称:朱瑄“居莘庄里”。

明嘉靖十五年(1536),朱恩逝世后,安葬于曾祖父、祖父、父亲墓侧,有三座七穴,位于上海县三十六保四十八图(今莘朱路四号桥南近百米处,金家塘),当地俗称“尚书坟”。墓园建成于明万历四年(1576),《重修华亭县志》有记。墓园占地面积1万余,墓冢东西长3米,南北宽5米,高约5米。

墓前原有石牌坊、石望柱、石翁仲、石马、石虎、石龟座碑等,1958年文物普查时尚存。1959年平整土地时,发现墓葬三座,其中两座双穴室,一座三穴室。经考古发掘,在此出土《山西按察司副使朱瑄墓表》和《资善大夫南京礼部尚书慈溪朱公恩墓志铭》等墓志以及朝服、铜镜、酒具、玉饰、金簪等陪葬品八十八件(其中束发玉冠、玉簪、玉钗、玉二龙戏珠纹镯、雕漆革带盒等六件),今藏上海博物馆和闵行区博物馆。

朱恩墓束发玉冠

根据出土的墓志铭所记,朱氏家族的来龙去脉清晰可见。

朱瑄大有作为

朱孟在莘庄朱家塘娶陆氏为妻,明永乐十三年(1415)生下朱瑄。

朱瑄(1415—1498),字廷珍,号钝庵。自幼聪慧,能赋诗有奇句,松江府学生,稍长,益善记览,入松江府学。一天,巡抚周文襄与提学彭御史到松江,关注府学在读的颖敏者。执掌教事的庐陵孙先生推荐朱瑄出场应试,获得好评。于是,孙先生更加器重朱瑄,重点培养。才过了三个月,朱瑄初习《春秋》即通其义。

正统三年(1438),朱瑄二十三岁考中举人,准备远赴南京礼部应试时,正巧父亲从卢龙(今河北省东部)戍所远道归来。父子别后相聚,其乐融融。朱瑄深感:“吾以不得侍亲为恨耳,奈何复远游乎?”就此,他竟然连续十年不再离乡赴考。

正统十三年(1448)春,朱瑄在父亲的一再催促下,匆匆赴京参加殿试,一举获得三甲第八十名进士。次年,授陕西道监察御史。时有北虏之变,京师戒严,朝廷命诸将率兵抵御,朱瑄以御史大军中纪功。临行前,朱瑄吩咐妻子王氏:“吾今不能顾家矣,汝亟归奉吾亲,吾惟知有王事而已。”胜利班师后,又奉旨出巡应天等六郡,后被提升为山西按察司佥事。山西太平县知县连姻中贵(有权势的太监),在当地怙势为虐。朱瑄坚持将其绳之以法,顿使奸贪敛迹,属吏肃然。有个中贵的亲幸来到大同,正巧遇上大雪天,竟然要朱瑄派人陪其射猎取乐。朱瑄警示说:“军士冻馁不堪必有死者,何况道滑不便驰逐,独不自爱乎?”阻止了他的无理举动。

朱瑄在隰州(今山西隰县治)时,撰《隰州道中》诗云:

远近土岗千万重,高低陶穴两三家。
老翁知我观风吏,也道民丰好岁华。

成化五年(1469),朱瑄出任山西按察司副使。又两年,慨然以老辞职,时年五十五岁。退休返乡后,他又在莘庄生活了三十年,与亲友徜徉园池间,赋诗饮酒相娱乐,每以善言训诫子孙,宗族所以力学治家之道,延师设塾,召邻里子弟有愿学者皆来就读,受业后大多成材。他无兄弟,唯有一个姐姐,却因夫妇俩早逝,遗留下四个子女。朱瑄悉心照料他们,直至各自嫁娶成家。

朱恩几经波折

朱瑄娶王氏,生有六男二女孙男十二,朱恩为长子。

景泰三年(1452),朱恩生于莘庄朱家塘。生而颖异,儿时酬对宾客,即有成人志。为松江府学庠生。成化十年(1474),十九岁中举人。“弱冠文誉,蔚然传诵。”成化二十年(1484)春,二十九岁参加殿试,获三甲第二十三名。由行人升刑部员外郎,进郎中。

弘治十一年(1498)十月二十四日,朱瑄逝世,享年八十三岁。正在刑部任郎中的长子朱恩得知父亲噩耗,即返奔丧,并托寮友顾大宁请吴宽

(字原博,号匏庵、玉亭主,时任詹事府詹事)撰写《山西按察司副使朱公瑄墓表》。

弘治十年(1497)八月,朱恩与上海知县郭经(字载通,河北卢龙人)等在乌泥泾镇张家浜上同建环龙石桥,取名“宾贤桥”(1936 年上海通志馆在西湾村附近发现“宾贤桥”刻石,一块刻着“钦差提督理工部郎中曲阜臧麟,刑部郎中朱恩,赐进士出身上海县知事郭经卢龙同建”,另一块刻着“大明弘治壬戌吉日”,是乌泥泾唯一而可靠的遗物)。

朱恩字汝承號旅谿瑄子成化二十年進士授行人遷刑部郎中謹曹事不通門謁孝宗朝擢河南副使歴布政使時都下有礦利中官廖某欲以奇羨自盈啗當路請開之恩抗章得罷擢南京副都御史巡視江防沿江要害置立水寨又懸賞購盜捕獲者多盜不敢近遷南吏部侍郎進尚書尋歸家居三十年以法書名畫自娛卒年八十五(參宋府志 松風餘韻)

馮海字存樸(居合掌橋)事親孝母年八十有鄰嫗莫氏嘗與之敘姊妹行海日具甘旨必邀嫗同食以娛親意母疾篤日嘗其糞夕禱於天求以身代迄半載乃痊

《松江府志》书影

朱恩在官场几经波折。弘治年间,出任河南左布政使。当时“都下有矿利,中官廖某欲以奇羡(积存的财物)自盈啖,当路请开之”,因朱恩制止才作罢。正德三年(1508)七月,升为南京都察院右副都御史,提督操江,负责在沿江要害设立水寨,确保江防安全。他还以悬赏“购盗”方式,处理社会治安,公开宣布“凡盗来自首者,人可独得三千金,抚其家属,律且从轻。再犯者减半,屡犯者无。如被人扭获而者,金如数由扭获人全得,盗则严惩”。此法即刻生效,当地捕获甚多,盗者不敢再来。

为此,朱恩升任南京吏部右侍郎。正德五年(1510)正月,又升任南京礼部尚书。时有大太监刘瑾擅权作恶,朱恩处境危难。四月,刘瑾被杀后,朱恩又遭牵连,但他未做自辨。次年正月,朱恩未满六十岁便毅然退出政界,返乡养老。

嘉靖十五年(1536),朱恩在家中逝世,享年八十五岁。著有《朱氏家乘》。时任南京吏部右侍郎的费寀(字子和,号钟石)为其撰写的《资善大夫南京礼部尚书慈溪朱公恩墓志铭》称，朱恩退休后，又在家乡生活了二十五年，从未言及当年宠辱，“惟搜剔水石，树艺果蔬，俯仰游衍，清净以乐天年。或劝殖资产，以道家之忌谢之。性友爱笃至。四弟早逝，抚其孤，无异己出，诸少赖以成立，无凋落者。虽贵列三事，未尝以势傲乡人，训子弟，执礼于乡，长老维谨”。

明李绍文《云间杂识》记载：冯恩（字子仁，号南江）年轻时家境贫困，好友陪他赶到莘庄去拜见朱恩，并叮嘱说，讨好朱恩可以得到几石米。可是，冯恩去了后，傲居上座，一句奉承话都没说。朱恩比冯恩年长四十四岁，对其勉励有加。

据《松江府志》记载，当年朝廷为朱瑄、朱恩立“世沐恩荣”牌坊。

朱氏子孙

朱恩的从子朱良训，字臣式。正德十四年（1519），中举人。后赴福州出任长乐县知县。朱良训的儿子朱大韶，字象元，号文石，嘉靖二十六年（1547）中进士。

朱瑄的曾孙朱大年，字元圃。嘉靖二十二年（1543）中举人，先后担任延平府、应天府推官。朱大章，字岱舆，诸生，有文名，曾与龙华名士张之象等结社相唱和。朱大年之子朱本复，万历十九年（1591）中举人，官河南省南阳通判。

万历年间，朱恩子孙在三十六保四十八图建家族墓园，并在四十七图兴建新宅（位于今朱行镇西侧），称“朱家庄”。至明末，“朱家庄”形成街市，俗称“里行”。后来，由于“八尺沟”的淤塞，街市店主进货困难，商户逐渐南移至春申塘畔的“朱家行”。“朱家行”在清代迅速发展，形成影响广泛的朱家行集镇。

1948 年朱家行镇地图

“书痴”朱大韶传奇

朱恩的侄孙朱大韶(1517—1577),字象元,号文石,是明代著名书法家、藏书家。他出生于莘庄镇东首横泾港畔朱家塘,后迁松江府城居住,墓葬在三十六保三十四图(今莘庄镇莘西南路55号)的“朱家坟山”(1953年挖掘一墓三穴)。祖父朱宪,号横溪,曾任南天策卫经历,人称“经历君”。父亲朱良讽,号余山,为南京国子监太学生,屡试不第,未曾仕宦。朱大韶儿子朱本洽,字叔熙,万历四十一年(1613)癸丑科殿试二甲第六十二名进士,刑部主事,历官山东按察使副使。朱大韶孙子朱积,字早服,崇祯十六年(1643)癸未科殿试二甲第十三名进士,选庶吉士第一。朱大韶祖孙三代为进士,被传为佳话。

国子监司业

朱大韶自幼聪慧颖悟,六岁入塾学习,读书一目数行,且能即刻成诵,塾师大为惊异,为之避席。父亲就读南京国子监时,携其随行。国子监名师张邦奇授之《仪礼》数篇,他过目即诵,引起轰动。

朱大韶“为诸生时,督学裁庵杨公(杨宜,字伯时,号裁庵)发策安南始末,公条对无遗,杨公异之,首拔公”。

明嘉靖二十二年(1543),朱大韶获乡试第二名中举,但次年会试落第。

嘉靖二十六年，再应会试，结果殿试获三甲第一百七十五名进士。而这一年科举的进士中，能力超强者众多，其中有李春芳（内阁首辅）、张居正（内阁首辅）、徐光启（礼部尚书、文渊阁大学士）、胡正蒙（官至侍读学士、总校《永乐大典》）、杨继盛（兵部员外郎）、殷正茂（户部尚书）、王世贞（刑部尚书）、王一夔（太子太保）、李三畏（著名画家）等。

因此，朱大韶要想出头很难。他被初选为吉士，后为庶常，并没有得到高升的机会，嘉靖二十八年被授为检讨，检讨只是翰林院中一个普通的职位。

嘉靖三十四年（1555），闻知家乡遭遇倭患，怀才不遇的朱大韶决意上书，想辞职回家赡养父母。结果，他被任命为南京国子监司业（副长官），协助祭酒（长官）负责训导管理，类似今天的大学副校长，而给他的品级只有正六品。这也是他在仕途所取得的最高职位了。这一年，朱大韶三十八岁。

好在同朝有不少同乡人，因朱大韶受业于太仆寺少卿范惟一（字允中、于中，号中方，范仲淹十六世孙），范受业于黄门侍郎张白滩，张受业于御史冯恩，四人递相授受，一时同朝，后亦同在林下，因此相见时开口闭口“吾师”“吾师”，依次执弟子礼，令人称艳。

嘉靖三十六年（1557），朱大韶决意“不为五斗米折腰”，主动解官返回故里莘庄，时年四十周岁。

横经阁“书痴”

朱大韶是著名藏书家，尤其喜爱宋代镂版，藏书多以宋版著称，被人们称作“书痴”，留下不少传闻美谈。

朱大韶晚年时，在松江府城东北隅购地修建别墅，取名“文园”，园中有“快阁”，陈设彝鼎，专建小楼用于收藏名画和珍本图书，为了不忘故土的横泾港，特意取名“横经阁”。

每日清晨，朱大韶起身便登上横泾阁，先校勘异书数页，然后洗漱整装，接待来客。他经常在文园内招引友朋，共鉴书画，谈论诗文，其乐无穷。《云间人物志》称这里“坐客满堂，性不饮，然待客彻夜，终无倦色。建燕超堂三楹,中陈秦汉彝鼎、法书名画、玉杯象箸,冠绝一时”。

朱大韶“美婢换书”的故事,最早见于《逊志堂杂钞》。相传,吴门某家有一套宋版袁宏的《后汉书》,共三百卷,不但刻工、印工均臻善美,而且是陆放翁、刘须溪、谢叠山三人亲手点评本。藏主提出要以此书换取朱大韶身边最美的婢女,朱大韶竟然同意了。恰巧,这美婢是个才女,临行前在壁上题了一首诗:“无端割爱出深闺,犹胜前人换马时;他日相逢莫惆怅,春风吹尽道旁枝!”朱大韶见到诗句,后悔得不得了,思虑过多,不久便谢世了。

隆庆三年(1569),朱大韶好友何良俊刻所著《四友斋丛说》三十卷时,请朱大韶撰写序言。

万历五年(1577),朱大韶逝世,享年六十一岁。墓葬在三十六保三十四图,有一墓三穴,乡人称之为“朱家坟山”。南京礼部尚书王弘诲撰《南司业朱文石公大韶行状》。朱大韶喜好天文算学,撰有《尧典中星考》《月令中星考》和《经术堂集》,辑录有《皇明名臣墓铭》,还与好友杨豫孙、董宜阳共同为恩师孙承恩汇编《瀼溪草堂稿》五十八卷。

玉杯恩怨

《松江府志》记载,朱大韶墓随葬品有诰敕、汉玉佩、玉蟹、金饰等。《上海县志》记载,1953 年出土,墓内文物混同泥土上缴龙华区政府。

1956 年,上海县文化部门在进行文物普查时,发现莘庄乡青春村顾家塘的朱家坟山(即朱大韶墓),三年之前有人以购买旧砖为名,将墓地的七口棺椁全部掘毁。据说,当时出土的墓葬品中,有朱氏历代珍藏的宣和玉杯碎片、景泰三年(1452)朱氏先辈受封的诰命、朱氏家谱以及清代文人所题诗跋等物品(后由朱氏族人收藏,相传转漕河泾镇俞氏手中)。

由此,人们不禁想起了不少文士所记载的朱大韶及家人因收藏宣和玉杯而招致大祸,愤然掷杯的故事。1957 年 7 月 1 日,《文汇报》刊文介绍:明末清初藏书家、学者姜绍书(字二酉)所著《韵石斋笔谈》一书中有《宣和玉杯记》,详细记载了朱氏家族藏杯、失杯、还杯、碎杯的曲折过程。

《宣和玉杯记》称：当年，朱恩收藏有一对玉杯，原先是宋徽宗宣和御府藏品，“其一内外莹洁，绝无纤瑕，杯口耸出螭头小螭，乘云而起，夭矫如生，名教子升天，真神物也”。后传到朱恩孙辈手中，却不加珍惜，变卖出手。朱大韶得知叔祖故物被弃，忙加倍出价赎回。因朱大韶无嫡亲儿子，便过继胞弟朱文泉之子。而妻子陆氏出身平湖望族，其弟陆仲仁对教子升天杯垂涎已久，因朱家有嗣子，一时无法下手。万历十年(1582)七月，陆氏急病身亡，而此时陆仲仁已做高官，遂指使家人控告朱文泉谋杀陆氏，朱文泉蒙冤入狱。陆仲仁派人前往朱家索取玉杯，声称唯有如此才能开释文泉。文泉妻胡氏明知祸起玉杯，便愤然将杯掷出。朱文泉出狱后，无法求取功名，便一心培养儿子，但望有报仇之日。到了天启年间，朱文泉的儿子终于出仕，担任平湖县令，而陆仲仁已亡，其子陆钟奇偏偏犯事入狱。陆氏族人以为朱家必定会趁机报复，而朱家却设法为陆钟奇开脱罪名，只要求其交出玉杯。于是，朱氏举行家祭，当众用锤将玉杯击碎，分散留存。陆钟奇从此改行从善。

清人曹家驹《说梦》、毛祥麟《墨余录》以及《云间杂识》《五茸志逸》等著作中都做了相似的记载。

巧的是，明末清初，著名戏曲家李玉(约1591—1671)写下了一部传奇剧作《一捧雪》。剧情大意是：明嘉靖年间，太仆寺正卿莫怀古家藏九世相传称为“一捧雪”的玉杯，友人汤勤为谋私利，竟恩将仇报，奉迎权贵严嵩、严世蕃父子，献计谋夺此杯，以致莫氏家破人亡。莫家老仆莫诚为主替死，莫怀古侍妾薛雪艳为复仇，刺杀汤勤，然后自尽。后来莫怀古由大将戚继光救护，终得以昭雪。该剧情节曲折，生动感人。

据专家考证，说李玉《一捧雪》取材于明代奸相严嵩之子严世蕃迫害太仓王世贞之父王抒的史实。按剧情所述，故事发生在南京、苏州地区。然而，朱氏碎杯的故事与其十分相近，同治《上海县志》称，“此即《一捧雪》传记所托也，俗传莫太常、雪娘等事，可据此证之”。更令人惊奇的是，在莘庄、梅陇、曹行、塘湾等地区，长年流传着一个又一个有关莫怀古、汤勤、雪艳的民间传说，甚至出现了相关的地名和文物。难道这一带才是《一捧雪》故事的发生地？还是当地人附会传奇故事而编造出来的？

我们不妨来看一看刊登在这些乡镇地方志上的有趣逸闻。相传，当年莘庄镇西栅口有条莫家弄，莫怀古的故居即在此。他在明嘉靖年间任太常寺卿（司御厨的职官）。嘉靖皇帝曾赐宫中魏紫牡丹与他，移植在家中，“一捧雪”案发后，转赠莘庄镇西陆昌庙老和尚。直至“文化大革命”前，此牡丹一直是莘庄公园的名胜景观。而汤勤家住莘庄镇汤家弄的黄杨树头，为裱画匠，人称“汤裱背”。莫怀古有位爱妾，人称雪艳娘。汤勤见其貌美，前往调戏，欲行非礼，雪艳不从。莫怀古闻声而至，将汤勤打出门外，就此结下怨恨。汤勤便勾结严世蕃，告发莫家私藏国宝白玉杯“一捧雪”。事发后，莫家妻儿带了白玉杯逃往他乡，后隐姓埋名定居在镇西南的万家弄，又把莫姓改为朱姓（莘庄人称之“莫易朱”）。朱姓后裔为争夺白玉杯又发生了几代人的纠纷，最终摔碎分传。

宋徽宗內庫所藏玉杯三其一名教子昇天內外光潤絕無
纖垓杯口三面聳出螭頭如生眞神物也二名八面威鋒三
則單螭作把外多花紋甚細瑩白勝於教子而神稍遜其一
其三向在朱尚書旅溪家孫少愚文巖分得之文巖不能守
以教子杯典吳門三百金已而從兄司成文若公以原銀贖
歸而單螭在少愚處亦歸司成矣司成捐館無子立弟太學
文泉子爲嗣而諸寶玉器則司成夫人陸氏謹司之萬歷壬
午秋陸氏卒陸宗族無不垂涎其家業者乃訟太學於浙平
湖劉令逮至圖屏賦瓜分其有陸有顯者曰兩玉杯至太學
生還矣於是亟取獻之杯到之夕太學室胡氏忿然曰太學
之禍此爲祟耳睨杯欲擲於地左右失色請曰如太學何胡
曰且休矣猶當辱之乃出錢二十五文沽平湖薄酒一尊斟
上海縣志　卷三十二　丟
玉杯中偏賜厮養臧獲明日上獻下午出太學于獄又明日
張筵飲太學歎然而歸後四十年太學之子本洽成進士適
陸之孫鍾奇以馬道衡謀反一案松守張宗衡置鍾奇於圜
扉陸氏歸璧於朱鍾奇獲免死本洽以杯祭其父卽碎其杯
於像前松人無不以爲美談語云象齒焚身懷璧其罪信哉
五茸志逸　按此卽一捧雪傳奇所託
也俗傳莫太常有姬雪娘等事可以證之

《上海县志》书影

而梅陇地区的传说，又将莘庄的莫怀古的故事做了发展，说家住莘庄的莫怀古喜欢字画，一次赴京途中行至苏州，进城觅画，遇上裱画匠汤勤，两人相伴同行。汤勤为强占雪艳而生歹意，制造了冤案。雪艳刺杀汤勤后自刎。家人将雪艳的头挂在京城以表示威，而另塑金头随尸埋葬，为避盗墓者，一夜间建了七十二座雪艳娘墓。据传，朱行等地均有雪艳娘墓。

塘湾镇西，俞塘河南岸，村后有一石桥名莫家石桥。当地人称此处为莫怀古私邸，当年拥有厅堂楼房数百间。连《上海县续志·杂记篇》也称，樱湖庙内的两棵银杏树“俗传明莫太常手植”。

根据以上所述，可见莫怀古与“一捧雪”白玉杯故事曾在此地广泛流传，并留有遗迹。当年李玉创作《一捧雪》传奇时，究竟是往何处取材的？联系莘庄地区的种种传说，让人不由浮想联翩。

珍贵遗存

朱大韶生前著有《春秋传礼征》十卷、《经术堂集》《横经阁收藏书籍记》《实事求是斋经说》。他喜好天文算学，撰有天文学著作《尧典中星考》《月令中星考》等。

朱大韶辑《皇明名臣墓铭》八卷，资料翔实，影响甚广。1969 年，台湾学生书局汇编明代史籍汇刊时，根据台湾“中央”图书馆藏本，出版《皇明名臣墓铭》影印本，全四册。1991 年，台湾明文书局出版明代传记丛刊，收入《皇明名臣墓铭》八卷。

朱大韶撰《春秋传礼征》十卷，1915 年编入张氏适园丛书本，2002 年收入《续修四库全书》经部春秋类。

朱大韶常用的藏书印有“朱文石氏”“朱象玄氏”“华亭朱氏”“文石朱象玄氏”“华亭朱文石氏横经阁收藏图籍印”“朱氏图书”“华亭朱氏文石山房藏书印”等。

朱大韶的行书《致吴江兄长尺牍》两通，今由台北故宫博物院收藏。

朱大韶家中曾藏有一方端石砚，亦流传至今。此砚石色深紫，石质特别细嫩柔滑，通体紫色，浑然一体，没有任何杂色、石疵，纯洁而莹润。这方砚的雕刻简洁、淳朴，又不失劲健大方。砚额雕出椭圆形墨池，砚堂成方形，反映了古人天圆地方的宇宙观。砚堂左右及砚尾部，雕出深槽，深槽内高耸方柱六根，每根顶部雕八卦纹。砚上边角线条挺括、规整，一丝不苟。整砚不加修饰，恬静清淡，更显得庄重肃穆。原配红木砚盒，天地盖式，盒盖阴雕

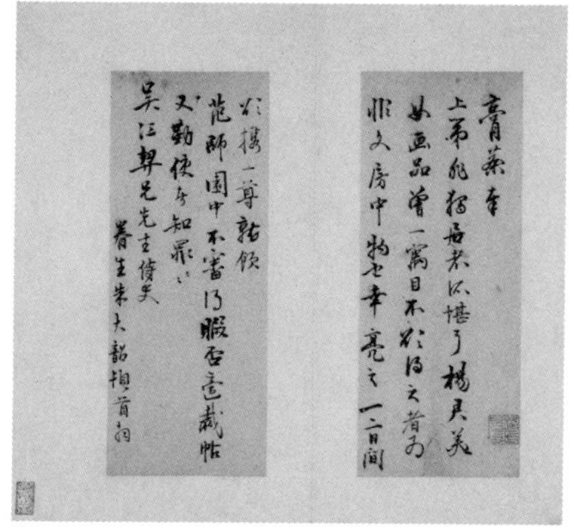

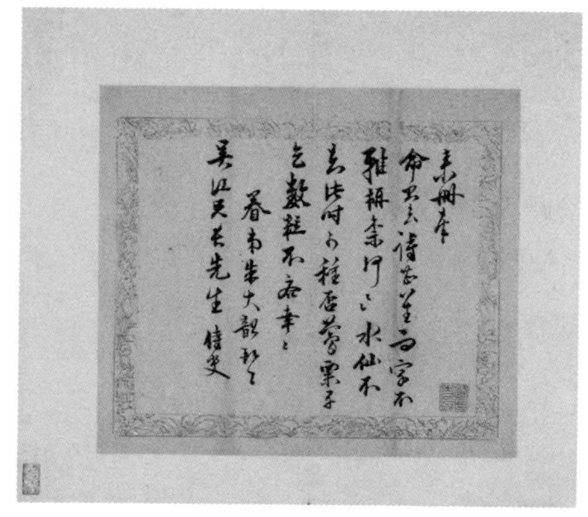

朱大韶行书《致吴江兄长尺牍》

“二龙戏珠”图。砚阴镌刻行书大字“悟道”，旁有小行书“于谦书”字样。砚侧篆书刻铭“横经阁收藏”。

比朱大韶稍晚的松江藏书家孙克弘，是朱大韶的老师孙承恩之子。朱大韶逝世后，横经阁所藏散出，大多为孙氏所得。留有朱大韶印章的藏书，皆为精品里的精品，不少珍本至今散落于国内外各大图书馆。

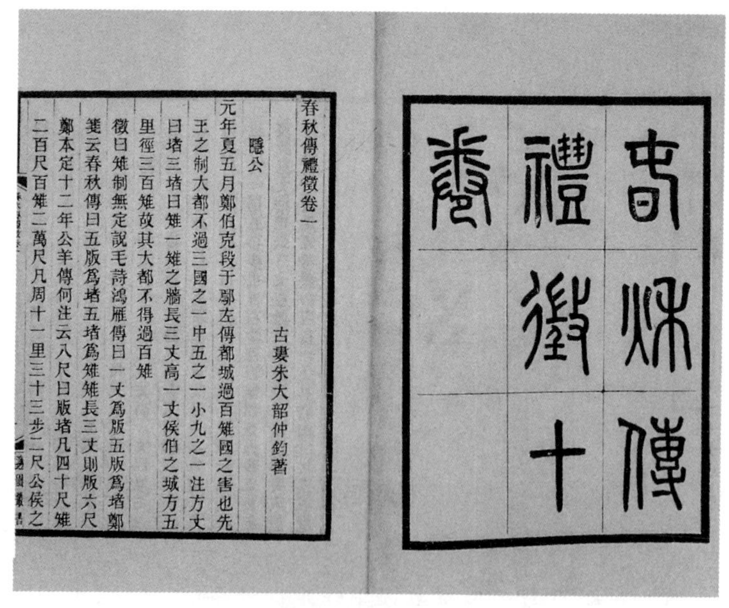

春秋傳禮徵十卷

春秋傳禮徵卷一

古婁朱大韶仲鈞著

隱公

元年夏五月鄭伯克段于鄢左傳都城過百雉國之害也先王之制大都不過三國之一中五之一小九之一注方丈曰堵三堵曰雉一雉之牆長三丈高一丈侯伯之城方五里徑三百雉故其大都不得過百雉

徵曰雉制無定說毛詩鴻雁傳曰一丈爲版五版爲堵鄭箋云春秋傳曰五版爲堵五堵爲雉雉長三丈則版六尺鄭本定十二年公羊傳何注云八尺曰版堵凡四十尺雉二百尺百雉二萬尺凡周十一里三十三步二尺公侯之

朱大韶《春秋传礼征》十卷

张虞赓苦乐人生

莘庄老镇一向地处华亭、上海两县交界地，镇郊四周均为乡村农田。镇北三里，有个村宅叫西河浜。清光绪年间，这里出了个秀才张虞赓，毕生既乐耕又善诗，有《西河草堂遗稿》传世，所经历的苦乐人生是“莘庄人”经典的时代印记。

乡村秀才

张虞赓（1858—1933），字愚耕，号乐韶，咸丰八年（1858）出生于西河浜。父亲务农为生，不幸早逝。母亲项氏，是本地盛介巷（今莘庄镇明星村）人。

在母亲抚育下，张虞赓自幼勤奋好学，身处僻乡，有志成才。光绪五年（1879），二十一岁时，他终于考入上海县学。

虽说成了秀才，张虞赓却不愿远走高飞，投奔仕途，而甘愿守望在自建的西河草堂，“致力于农田，雨笠烟蓑，手足胼胝，暇则手一编，高吟朗读，声渊渊，如金石，风之晨，月之夕，即景言情，辄有吟咏。顾信手挥洒，即随手抛弃，不遑点窜，并不自检理，故少年之作只字无存”。

张虞赓与章氏结婚后，生了两个儿子。步入中年，张虞赓依然“貌癯而野，气旷而肃，外和而内介，口苦而心慈，衣冠朴陋而吐属名隽，仪文率略而

情致缠绵,利禄不动于心,喜怒不形于色,不因物而凝滞,不随俗而推移”。他沉醉于农耕生活,有一天买了头黄牛,兴奋地赋诗云:

买得黄牛教子牵,尽堪耕读乐余年。
双鸡斗酒开农社,垂钓吟诗养性天。
白菜一畦供健饭,清灯半夜足安眠。
小园竹笋穿云透,消夏还欣绿荫连。

张虞赓以农为本,守望家园,苦心经营数十年,积累了上千亩田产,而心中忧愁的则是子孙的功名。光绪三十四年(1908),张虞赓撰《五十自寿》诗云:

亲朋聚散总关情,寥落晨星灭不明。
半世苦吟聊复尔,十年教子未成名。
他山有几能相助,积产无多悔辍耕。
回首青春尘梦杳,等闲惆怅慨生平。

好友结亲

光绪末年,张虞赓的好友李绮诚(七宝镇人)到三林学校执教,三林学校校长秦锡田(1861—1940,字君谷,号砚畦,晚号适庵,陈行人)与张虞赓、李绮诚是上海县学同学,因此时常谈起西河浜张氏“治家之整,待人之诚”。后来,秦锡田又听好友钱椒(字荫庭,号介福,塘湾乡乡董)、张仰莲、唐赞成等一致赞叹张虞赓为人忠厚,故对张氏产生好感。

不久,张虞赓亲自将大儿子送到三林学校读书。

张虞赓的大儿子在三林学校“沈潜好学,学日猛晋”。谁料,就读期间,他不幸因病身亡。身为校长的秦锡田对此十分内疚。

宣统元年(1909),秦锡田与李绮诚一起赶到莘庄西河浜,拜访张虞赓。

他发现这里“离市三里，曲水环抱，花木蔚翳，风景幽绝，小楼一角，四面轩窗，瞻眺邻村，万绿如洗，室以内诗筒、酒盏、画箧、书囊，位置井井”。便问张虞赓：“君啸傲泉石，吞吐云霞，其或有花坞之吟，桃源之记，可以涤我尘襟乎。”

张虞赓笑答：“蛙歌蚓曲，正如岭上白云止，可自怡悦，不堪持赠君耳。”

客人进门刚落座，张虞赓就将在家读书的小儿子张铭西（乳名安儿，号鸿翥）介绍给秦锡田。文质彬彬的张铭西见到秦锡田，即作揖拜称：“秦校长！请多指教！”

见这个十二岁的少年如此“恂恂儒雅”，秦锡田十分中意，当即提出愿将自己的四女儿秦之蕙（后名纫惠，字蕙祥）嫁到西河浜来，彼此结为亲家。

由于长子不幸夭折，张虞赓对幼子极为爱护，不让他出门游学而专门延师在家执教，并由邻里儿童陪读。秦锡田是“上海县城隍”秦裕伯的后裔，其父亲秦荣光人称“浦东大师”，如今他居然愿意将名门之女下嫁到西河浜来。张虞赓自然乐意接受，当即定下了这门“娃娃亲”。

身逢乱世

清末民初，风云激荡，时局纷乱。

张虞赓虽身在乡村，却时刻关注着时事变迁，与甚为活跃的好友钱椒、张仰莲、唐赞成等时有交往，尽力在迷惘之中寻求正义和真理。他撰有《慨时》诗云：

敌忾同仇何复云，即今时事更纷纷。
国家本为求才许，豪杰偏成革命军。
借说保民权立会，妄言流血目无君。
人心世道奚堪问，慷慨悲歌恐不群。

民国二年（1913）八月，苏沪讨袁联军总司令钮永建（字惕生）在上海发动“二次革命”，率众坚守吴淞炮台要塞，终因孤立无援而退兵。张虞赓闻讯，甚为关切，撰诗《钮惕生退走嘉定》云：

退走非无策，佳城在眼前。
弹丸谁与守，独客最堪怜。
槎浦冈头路，秋风海外天。
冥鸿音断绝，孤注亦徒然。

悲欢交集

张铭西与秦之蕙同年出生，转眼两人都已十九岁了。定亲六年来，这一对新时代的青年人在完成学业的同时，真诚地相爱了。

民国四年（1915）正月初二，张虞赓与秦锡田在三林学校为他俩隆重举办了新式婚礼，亲朋好友齐聚一堂，祝贺两家结亲。九月初一，张铭西生日时，张虞赓赋诗《乙卯九月初一安儿生日喜歌一首》云：

吾儿生日月逢九，再迟九日即重九。
今年正月月初圆，两人恰好同十九。
两九合成卦一个，天地交泰真嘉耦。
花开草长雨露滋，春风勃发万物阜。
阿侬先世服田畴，传家本自存忠厚。
平生艰苦几阅历，老天到底终不负。
但愿阶前灵芝玉树一齐生，昌大门闾长且久，
堂前乐煞一白首，岁岁年年黄花樽酒为予寿。

张铭西婚后的生活十分浪漫。小夫妻俩一起去逛刚开张的上海大世界游乐场，“策马驱车特地来，抠衣蹑足上层台”；一起欣赏留声机音乐，“玉箫金管听朦胧，不让飞仙云乐工”；一起登飞机摄影，“凭虚直上路三千，碧落无

垠渺绝烟。蟾桂一枝攀得否，含情笑拍阿侬肩。层台迴迴入云霄，骑凤人来天半遥。错认秦楼高处望，下风坐待听吹箫。俯首尘环云浩浩，青山绿水两茫茫。扶摇不用抟鹏羡，九万里天已遍翔。轮机轧轧走轻雷，三匝临风往复回。赚得旁人齐笑说，散花天女下凡来”。张铭西继承家学，诗情勃发。

不久，张铭西夫妇生下了长子张守先（幼名复新）。

民国七年（1918）正月初八，妻子章氏因病逝世，刚满六十岁的张虞赓悲伤不已：

过眼流光逝水同，卅年心事付东风。
花开花落都成梦，尽在琴弦断续中。

到了三月十七日，家中又一个孙子张守成（幼名竞新）出生了。张虞赓转悲为喜，破涕而笑，当即赋诗《三月十七日又举一孙》，诗云：

果然麟趾咏振振，祖干凌霄孙又生。
却喜老翁同甲子，相看汤饼话年庚。
男从震巽东南得，名定郊祁先后争。
万卷藏书待谁读，知他难弟与难兄。

民国十年（1921）五月初四，时年六岁正在上海城里读书的大孙子张守先放假，回到西河浜度端阳节，张虞赓兴奋地赋《喜作短歌一章》云：

一年一度端阳节，端阳风景真奇绝。
蒲剑艾人争胪列，龙舟角黍竞吊汨。
家家乐事无差别，儿童玩具更琐屑。
学子莘莘都放闲，吾家孙儿也东还。
点书画字笔花斑，弟兄奔逐绕膝环。
争梨夺栗若痴顽，重案叠几好高攀。

反笑老翁步履艰，翁语孙儿毋碌碌，
奇男子要飞食肉，
王郎拔剑舞，李密挂角读，
学书学剑须从速，腹中数万甲兵足。
今岁才六龄，十年成壮丁，
搜罗百代醉六经，再阅十年逢眼青。

每逢九月初九重阳节，张虞赓都会赋诗抒怀，倾诉人生感悟。1921 年重阳时节，他赋《重九遣怀》诗云：

年逾六十视茫茫，舞袖郎当诗思荒。
细数良辰愁日短，那堪一霎又重阳。
阿谁檐帽插茱萸，趁早安排酒一盅。
红树青山秋色里，放船落日泛江湖。
蟹舍渔庄几点灯，西山云气一层层。
寻幽倘或来良友，策杖郊原吾亦能。
是处香粳收拾齐，糕成新粟正堪题。
往年曾记团圆乐，鱼子饭炊唤老妻。
花圃斜阳渐渐微，朱霞天半认依稀。
此生未合江村老，凤岭何时着翅飞。

可是想不到，在 1922 年夏日里，张铭西不幸染上"虎列拉时疫"（霍乱病），突然离世，年仅二十六岁。张虞赓十分震惊，含泪赋《哭安儿》感叹云：

最怜诀别病垂危，气喘吁吁命若丝。
眼看孤儿呼姊倩，一肩重担要君持。
主持家政几多时，碌碌忙忙亦太痴。
体恤阿翁精力惫，不将琐屑与翁知。

民国十三年(1924)秋,江浙军阀爆发“齐卢之战”,百姓遭殃。为避战祸,张虞赓离乡来到上海城区。秦锡田时任上海县地方公款公产管理处总董,住在老城厢。于是,两位老亲家朝夕相处,相敬相劝。因连续痛失妻子和两个儿子,张虞赓心境悲凉,“意同萧,索无复囊”,待兵灾一退即返回西河浜,闭户课孙,越加不问世事。

遗作传世

民国十四年(1925),张虞赓为子孙购置莘庄镇中街 187 号房屋及地基,翻建新宅院,交长孙张守先主持。新宅院很大,五开间门面,进深四埭,大小房子有一百多间,又在百米外的道院浜边建造“后花园”,本地人俗称“张家花园”。

张虞赓年过花甲,即安排长孙张守先主持家政。张守先思想开明,追求时尚,倾力在徐家汇城区购置房产,以求摆脱世代劳碌于农耕的命运。而张虞赓依然崇尚乡村生活,“稍宽裕,即以家事付其子,遂谢绝尘事,独乐其乐。黎明即起,徒步赴市,与田夫野老啜茗清谈,殆无虚日”。他仍居住在西河浜祖屋内,每天早晨上镇来喝茶之后,到新房子里看望子孙,督促学业,然而又回西河浜,守望家园。

民国二十二年(1933),张虞赓去世,终年七十五岁。

民国二十四年(1935),在秦锡田的指导下,张守先(时年十九岁)、张守成(时年十七岁)兄弟俩,整理出张虞赓 1907 年(四十九岁)至 1922 年(六十四岁)间的五百六十八首和张铭西六十七首诗作。当年十一月,秦锡田作序。次年春,《西河草堂遗稿》刊印传世。

秦锡田在序言中感叹:“诗,天籁也。乡间之谚语,童叟之歌谣,劳人思妇之讴吟,不假修饰,自然超妙,故无意于为诗者。诗未必尽传,而必有可传之句,如吾友张君虞赓,其无意于为诗者乎。”“呜呼,无意于为诗而诗存,无意于求名而名传,此其中若有天焉。”

令人欣慰的是,此时张虞赓的四个孙子已长大成人。

张氏后人

张守成

张虞赓去世后，秦纫惠住在莘庄中街，全力培育四个儿子。她邀请两个姐姐携子前来同住，帮助照料家事。还延请一位松江师范学校毕业的聂姓女先生担任家庭教师，女教师除了教《古文观止》，还教新式的数学、外文等。张家四个兄弟以及四五个表兄弟一起学得有滋有味。

秦纫惠为人善良宽厚，嫁进张家时，带了一个陪嫁丫头，取名秋玲；后来又收留了一个安徽逃荒女孩做丫头，取名金菊。她俩长大成人后，秦纫惠帮其成家立业。秋玲嫁到颛桥乡村，每逢在蚕豆或新大米上市，总会送到张家请“太太”尝鲜，几十年未曾中断。金菊出嫁后，丈夫被抓去当了兵，后来夫妻俩去了台湾。二十世纪八十年代，金菊突然来到上海，辗转寻觅，终于找到了“太太”，尽心报恩。1990 年 3 月 22 日，秦纫惠仙逝，享年九十三岁。

张守成画作

张家四个兄弟中，最有作为的要数张守成（1918—2013，初名竞新，简名成，字子靖）。七岁时临摹《芥子园画传》，1936 年毕业于上海民立中学，继入上海美术专科学校西画系，旋转学国画。1938 年师从吴湖帆，为入室弟子。1956 年，三十八岁任上海中国画院画师兼创作秘书，后专任画师，曾在同济大学及上海师范大学等院校授课，为中国美术家协会上海分会会员。后被打成“右派分子”，1960 年“摘帽”。1981 年，六十三岁赴美国纽约定居，初任康州学院访问教授，后任华美协进社和神圣艺术学校国画教授，并在画室“灵寿花馆”课徒。晚年特别是寓居美国之后的绘画，虽依然以中国传统书画章法为宗，但打破过去已成格局的画风之拘束，在创新的笔墨色彩上更上层楼。曾多次在纽约举办个人画展，作品千姿百态，引人入胜。2013 年 1 月 24 日，他清晨身体不适，去医院检查并无异样，后转入普通病房，谁料当日在医院安详逝去，享年九十五岁。

其女张渊，1943 年 8 月出生于上海。曾师从江寒汀、俞子才、刘旦宅先生学花鸟、山水、人物。1983 年作品《松林月明图》集入《中国女画家作品选》。2006 年被聘为上海文史研究馆馆员，为上海市政协第九、第十届政协委员。现任上海交通大学设计学院教授，为上海美术家协会会员、上海书法家协会会员、上海书画院资深画师，中央文史研究馆书画研究院研究员。著有《从自然到创作——中国画花鸟技法》《中国画山水皴法解析——从自然到创作》《写意山水花鸟技法》《张渊画集》《上海文史研究馆馆员书画系列丛书——张渊》等。

2023 年春，张渊将 91 幅画作捐赠给家乡，莘庄镇随之建立“张渊艺术馆”。

武举人丁守仁

清末武举人丁守仁(1837—1912),原是朱五家人,随父亲迁居马家塘,家境富裕。自幼习武,膂力过人,三十岁时在松江府考中武秀才。三年后,在南京考取武举人,朝廷每月发他二十二两饷银,出进坐轿,硬牌开道,前呼后拥,显赫一时。

在陆砖桥西侧,丁守仁建有练武场。场内有武石一块,重二百斤,他能端在怀中绕场行走。

戊戌变法后,朝廷断饷。丁守仁染上吃、喝、嫖、赌之恶习,家业衰败,只得以搓草绳谋生,最终潦倒而亡。

辛亥革命勇士金振声

金振声(1858—1929),字寄洲,莘庄镇中街人。清同治七年(1868),取松江府学秀才。光绪二十七年(1901)至宣统二年(1910),以在家设馆授徒谋生,有学生十多名。响应维新思潮,在莘庄镇上带头剪去辫子,附近少年纷纷响应。因不满清王朝统治,愤然离乡,投身辛亥革命。

1911 年,金振声秘密加入同盟会,遭当局缉捕。随钮永建参加学生军参加上海光复战役。

1915 年 12 月,袁世凯称帝复辟。金振声即追随钮永建、陈其美开展“讨袁”斗争,参加攻打上海制造总局之役。

1918 年,金振声任民国北京政府海军部参事,获五等嘉禾勋章。1929 年,病逝于南京,享年七十七岁。

奔赴延安的易惠群

易惠群(1917—1976),原名杨亦欢,莘庄镇西街人。在本镇小学毕业后,考入上海务本女中课读。1934 年考入南京中央政治学校。1936 年因参加抗日救亡活动被开除,到北平参加中华民族解放先锋队。1937 年 9 月,辗转奔赴延安,后考入陕北公学,多次被评为模范学员。1938 年 6 月毕业后至武汉,由八路军办事处分配至黔军 121 师政工队任干事。同年 8 月 15 日加入中国共产党。11 月调皖南任新四军教导总队政治教员。1940 年 12 月撤往皖中,历任新四军二师抗大政治教员、七师教导大队教育主任。1943 年调至安徽和县含山地区,参加反“扫荡”斗争。3 月下旬,至巢县、无为县一带活动,被汪伪军俘虏,羁于南京。6 月,由组织营救脱险。后历任“抗联”秘书、地委宣传部干事、《大江报》社编辑等职。1945 年 9 月调至山东,任滨海区第三地委教育科长。1946 年 6 月,调任旅大地委宣传部教育科长。1951 年 6 月,任旅大地委翻译室主任。1952 年调北京中共中央宣传部翻译室工作。1953 年调至中共中央马恩列斯著作编译局,先后担任列宁、斯大林著作编译室主任,马克思、恩格斯著作编译室主任,局秘书长兼办公室主任及党总支书记等职。1960 年,获全国“三八红旗手”称号。1976 年 4 月 28 日,因患肾癌在北京逝世,安葬于八宝山烈士公墓。

革命功臣周志福

周志福(1921—2006),莘庄镇人。家住东街 40 号,父辈开设米行,家境殷实。抗日战争全面爆发后，年仅17岁却立志共赴国难，联络数名莘庄热血青年一起赴松江佘山，毅然加入抗日武装队伍。1940年10月，在青浦地区参加新四军“江南抗日义勇军”五支队一大队，任班长。1941年2月，加入中国共产党。因在战斗中身负重伤，潜回莘庄镇家中秘密养病。1941年4月，与家人不辞而别，独自奔赴江苏句容，在新四军六师十八旅五十四团任见习参谋。1941年冬，在高邮四区警卫大队任队长，配合新四军五十四团作战，反击日伪对苏州地区的清乡。1942年7月，在启东海复镇中国人民抗日军政大学第九分校学习，任排长。1945年6月，在新四军苏中一分区高邮独立团一连任连长。1945年9月，在苏中一分区宝应独立团任作战参谋。1946年7月，在苏中二分区四团一营任营长。1948年7月，在苏中二分区高邮团任副参谋长。先后参加“苏中七战七捷”和山东孟良崮战役。曾到江苏丹阳，出任教导大队长，培训南下干部。上海解放后，即骑马回到莘庄探亲，并指引妹妹周慕文和邻家徐桂新奔赴丹阳参加革命。1949年8月，在苏南镇江军分区教导大队任大队长。1949年9月，在苏南镇江军分区司令部任作战科长。1954年11月，在上海市静安区兵役局任局长。1956年3月，在上海市兵役局统计处任副处长。1957年6月，荣获“三级独立自由勋章”和“三级解放勋章”。1964年5月退休，1982年5月改“正局级离休干部”。2006年10月17日在华山医院逝世，终年85岁。其骨灰安放在上海龙华烈士陵园。

周志福

徐新洲沉浮在抗战中

徐新洲（1917—1951），又名星洲、新舟。1917年生于莘庄乡翁板桥盛家巷13号。父亲徐仁，字子璇，松江融斋初级师范学堂毕业，为上海小桃园清真寺崇本小学校体操教员。1934年，徐新洲十七岁加入国民党。1936年，在

江苏省立俞塘民众教育馆第一届民教服务人员训练班结业后，担任俞塘实验区金家湾办事处助导、莘庄板桥乡民众学校校长。1937年，进松江保安队受训。旋至七宝镇，任壮丁训练班总教练。

1937年八一三事变后，徐新洲组织地方热血青年建立自卫队，自任指导员。不久，投奔正规军45旅，派充副营长，后任团长。1939年，为江苏保安团第三团团长，后任忠义救国军淞沪游击队第六支队队长，活跃在上海县境，既奋勇抗击日军，又经常与其他游击队争权夺利，《申报》《文汇报》时有其行踪的报道。当年1月25日《文汇报》报道其率领35人在闸港镇与日伪军激烈交战，牺牲32人，最终冲出重围的事迹。3月《申报》报道其控制县境四郊及沪闵公路的战绩。

1940年，徐新洲完全背叛初衷，躬身投靠汪伪和平建国军十三师26旅52团，与抗战游击队为敌。1945年，担任忠义救国军浙东支队队长、第二纵队第四团第三营营长。

抗战胜利后，徐新洲摇身一变，投靠新主。1946年，任交警十四总队平炮中队队长。次年，任陆军506团副团长。

1950年7月，徐新洲被人民政府拘捕。1951年5月31日，被定为“反革命恶霸”镇压，时年三十五岁。同时定罪的还有朱家塘朱惠根，时年四十四岁，曾为徐新洲部队游击队长。

李二白

李二白，字仲香，1899年生，莘庄乡西李村人。毕业于江苏省立第三中学（松江二中前身），进修于江苏省区长训练所、政法学院和法官训练所。

1927年，李二白与梅家弄本地青年张遇根、梅惠山、朱爱人、梅鸿英等创建同仁文学社，创办《梅陇诗刊》。

1929年，松江县调整建制，七宝地区为松江县第五区，时年三十岁的李二白出任区长。他刚经过四个半月省级培训，满腔热血，一上任即组织民众三四千人，召开肃清烟赌宣传大会。下午十二时三十分起，李二白率民众队伍从区公所出发游行，高呼口号，散发传单，观者如堵，街巷为空。松江县县长金庆章(字静初,马桥乡荷巷桥人)亲临会场,并发表演讲,呼吁民众投入肃清烟赌的斗争。李二白登台直言痛斥本地区烟赌陋习,他指出镇上现有烟赌场所二三十家,靠其过日子的有百数十人,受其危害者不计其数,以致经济社会日趋黑暗,可悲可叹。他慷慨激昂地号召民众行动,禁绝烟赌,还地方一线光明。七宝镇各界代表立即争相发言表态,小学师生以游艺节目助兴,全场气氛热烈,掌声不断。民众痛恨烟赌陋习,立即响应区公所的号召,将七宝镇上的烟赌场所一举取缔了。

1929 年 9 月 17 日,李二白、朱爱人、梅鸿荃创办《梅陇月刊》,由时任淞沪警备司令的熊式辉题写刊名,国民党上海特别市第二直属分部(1931 年 4 月改组为第九区分部)发行。

同年,李二白在家乡创办西李国民小学。

1931 年,李二白入上海政法学院进修,并成为“光明学社”骨干。毕业后,为上海尚文路鸿来坊十二号光明律师事务所律师。

1933 年,李二白撰写《参观上海土布商店》一文,刊登于《上海周报》1933 年第 22 期,对上海县农民教育馆倡导服用土布的爱国运动大加赞赏。

后来,李二白担任上海特别市党部执行委员、律师和杭州地方法院推事。抗战时期,在湖南衡阳、贵州毕节任地方法院院长。抗战胜利后,出任青岛地方法院院长、山东特别刑庭庭长。1948 年山东解放前,同儿子李在琦先后前往台湾。

钱永清

钱永清(1904—1953),又名钱美,莘庄乡钱家浜人。曾办轧花厂和碾米厂,有妻妾四人。1935 年,参加南张保卫团。八一三事变后,收拾武器,组成二百余人的自卫团,专行绑架敲诈。1944 年,任忠义救国军淞沪游击队中校。抗战胜利后,收编的七宝李英杰匪部被新四军顾复生部队歼灭,他则漏网。上海解放后,他畏罪逃进徐家汇天主堂。1953 年 6 月,被人民政府捉拿归案,判处死刑。

恶霸胡冠军

胡冠军在莘庄镇南街开设中南旅社,藏垢纳污,抽头聚赌,引诱青年吸毒上瘾，狎妓行乐。时有沈某、周某等人，受其荼毒而倾家荡产，早年夭逝。他买通松江旧衙门，包揽讼词，敲诈勒索。还参加过国民党特务组织“蓝衣社”。

1937 年莘庄沦陷后，胡冠军是伪“维持会”幕后策划人。抗日战争胜利后，向镇人汪某硬借白米数十石，在旅社隔壁开设中南米行。

上海解放前后，胡冠军潜逃苏州。1951 年，被人民政府依法处决于龙华刑场。

能工巧匠陈阿水

陈品余（1914—1968），一名阿水，莘庄镇人。祖、父两代在东街 52 号开设陈万兴铁店。阿水十三岁时失怙，被迫辍学，继承父业，专心学习打铁。他对钢材的蘸火，尤为钻研，数年之后，技术精熟，达到炉火纯青的地步。他所锻制的菜刀、镰刀、料刀、锄头，式样好，钢锋好，使用轻巧方便，深受附近居民、农民的喜爱，并远销西乡的佘山、泗泾，南边的肖塘、南桥一带。人们说阿水师傅打的菜刀，用旧了再磨快，又如同新的一样。所以大家情愿用他打的旧刀，也不愿购买别家打的新刀。

阿水另有特技，能制造高质量的鸟枪。抗战之前，莘庄地区打猎业兴旺，鸟枪是热销商品。时奉贤县金汇桥镇有专业枪作，但订货时间要超过半年，且质量不高。阿水为改进鸟枪，试制钢管鸟枪，材料用优质钢坯，锻圆后分三段，便于钻孔，前两段为钢管，后一段为铁管，都用铜精密焊接。他制成的枪，铁管段管壁较厚，便于装“奶子”（发火器）；枪管长，铁珠可压得紧；口径小，省火药及铁珠；枪管前身薄，可减省左手托力，易于跟踪飞鸟；发火器装的部位适当，放枪时可减少后坐力；比别家的枪射程远约五米。凡这些特点，都是金汇桥镇制作的枪所不及的，所以深受猎户喜爱，纷纷上门定制，一时应接不暇。

陆氏医家

陆龄伯（1867—1912），字锡嘏，号师绩，世居莘庄镇。自幼勤读诗书，学成后赴沪教书。后拜青浦名医赖嵩兰为师，学成襄助赖氏行医十年之久，诊所设在朱家角镇北大街。嗣后返回莘庄设诊所，医誉四起。精内科，外科亦精,曾制外科药免费施送病家。著有《历代陆氏医家传略》、《陆氏肠道病》、《幼科学讲义》(1930 年秦氏同学会)。

儿子陆雄才(1882—1936),字清照。年幼时随父读书于赖氏门下,后随父临诊三年,擅治肺及脾胃疾患,尤精妇科调理,医德高尚。

长孙陆昌裕,继承祖业。后任龙华镇卫生院院长。

次孙陆昌谷(1920—1971),后改名之江。抗战前初中毕业,后考入上海市立新陆师范学校,1938 年毕业后失学在家。民国二十八年(1939),与同学用复写纸编印刊物《怒涛》,任主编,揭露日寇汉奸罪行。民国三十年(1941),赴苏北投奔新四军,后任医疗队长、医保科科长。1954 年任上海警备区第十五师医务主任,授中校。后任一〇九医院副院长。

顾氏痘科

顾氏世居莘庄镇小西街。自清乾隆年间起,顾氏家人每年冬春季节以“种花痘”为业,远至泗泾、新桥、诸翟等地。顾子棠(1868—1940)为第七代,改种牛痘(时称“西洋痘”)。儿子顾义焕继其业。孙子顾迪仁改习中医内科。

莘庄周棠同子七香二先生医案

郑氏医家

郑梅艇,名医。清道光年间,受业于莘庄镇周棠,得《医案一则》,为本地区所见最早的医案。儿子郑杏池,字七香,名医。孙子郑永康(1883—1942),字墨樵,擅长治疗湿温伤寒等重症,疗效卓著。授徒三人,均继其业。

第四章　时代新歌

1983 年莘浜路、莘东路口

1986 年莘庄镇风貌

牺牲在莘庄火车站的上海青年

1949年7月，上海解放不到两个月，华东军政委员会考虑到浙、闽解放后，需要大批工作人员为新解放区人民服务，就在上海各区招收了一批青年学生、工人组成“上海知识青年随军南下服务团”，以充实干部力量。

在共青团上海市委的组织下，经考核审查，有2 334名上海青年被批准加入隶属第三野战军第十兵团的“中国人民解放军华东随军服务团”（简称“南下服务团”），其中有夫妻双双入伍、母女同时参军、兄弟姐妹联袂南下，

随军南下服务团报到

还有冲破家庭禁闭阻挠或与父母断绝关系跑出来报到的。经过二十天集训之后,这一支新组建的学生军整装待发,由华中军区司令员张鼎丞亲自担任服务团团长。

7月19日凌晨,南下服务团指战员全副戎装,登上沪杭铁路列车,从上海北火车站出发踏上征程。天空一片漆黑,而大家欢欣振奋,整班列车歌声四起。

南下服务团出发

列车冲破晨雾,驶出15千米,6时许停靠莘庄火车站,在此等候前方列车进站交会。谁料想,突然有两架国民党敌机飞到莘庄火车站上空,而火车站没有防空装备,大队长命令大家下车向铁道边的树林疏散隐蔽。敌机在低空盘旋,用机枪疯狂扫射,机车和两节车厢中弹。坐在机车后面车厢的文艺队队员卫明、冯日初、金基和、李清明等4人来不及疏散当场遇难,另有竹立、商铭等14人受伤。机车头的水箱被炸出窟窿,只得另换机车继续南下。

南下服务团张鼎丞团长当即命令:“想办法跟当地驻军野战医院联系,请求他们支援,抢救伤病员!对死难的同志要隆重举行追悼,妥善处理善后工作,动员全团战士化悲愤为力量,振奋精神,树立信心,经受考验,继续南下!”初入学生军的青年们经受了第一次血的考验,没有动摇胆怯,各中队纷纷召开追悼会和控诉会。当天下午6时,南下列车继续向松江方向进发,但因机车发生故障,时走时停,直到夜里11时才到达松江车站。又因路基损坏,全团分批改乘帆船渡河后再乘车继续南进。他们从上海出发,跋山涉水,风雨兼程,历时两个月,途经江苏、浙江、江西、福建四个省,全程1 250千

米,其中步行400多千米,9月25日终于抵达福州。

在莘庄火车站牺牲的革命烈士金基和(1926年出生,江苏省镇江市人,1949年6月参加南下服务队),安葬在龙华烈士陵园。(卫明、冯日初、李清明烈士待查)

“结花边”王国

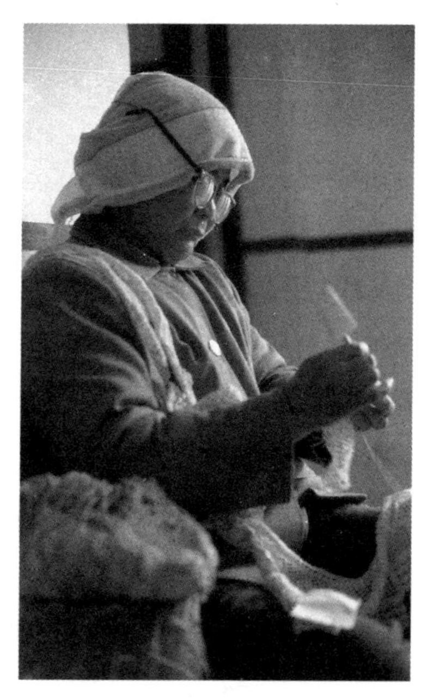

钩针编结

莘庄钩针编结，本地俗称“结花边”“钩花”，其成品对外贸易属“抽纱制品”，是中国传统出口商品。它是以棉线为主料，以钩针为工具，按花样图案采用纯手工编结的特殊工艺，是中西文化合璧之花，已走过一百多年的发展历程。2007年5月，莘庄钩针编结被列入上海市首批非物质文化遗产名录；2009年5月，被评定为“上海市传统工艺美术技艺”。

世代相传“小扎钩”

钩针，是一种特殊的匠人手作工具，在本地世代流传，应用广泛，并不断完善。钩针走进民间闺房，便成为传统女红工具，本地俗称“小扎钩”。一般用铁丝、秤杆、骨筷等材料磨成，顶端呈弯钩状。用钩针结合刺绣技艺，即可编结发网、帽子、围兜、香囊、荷包袋、针线包、钱包等，供自用或赠友。钩针极

为轻巧，引针钩线手法自如，可随意地按自己心中的“花样”编结成型，以各自的审美目光和实际需求，独创出最合心仪的自制织品，体现心灵和手巧，因此深受妇女喜爱，编结能手自然令人刮目相待。莘庄、梅陇、七宝等地，民间编结能手众多，“小扎钩”遍布千家万户。

机遇降临莘庄

清宣统元年（1909）5月，沪杭铁路竣工通车，在莘庄镇南设莘庄站之后，人际交往和物资交流迅速得以增强，莘庄镇上人气越来越旺，工商业迅速得以兴盛，这里开始发生巨大变化。

光绪三十三年（1907）前后，徐家汇圣母总院女工作坊招收当地女教徒按欧洲流行的样式编结花边。教会及行销商见周边乡村劳力工价低，着手向外辟建负责花边加工收发业务的代理商，组织生产和销售码带花边。花边行销商首先找到了20多千米外正在迅速发展之中的莘庄镇。沪杭铁路开通之后，从徐家汇到这里只有几站路，交通往来变得十分方便。

据《莘庄镇志》《沪郊百宝》称，宣统二年（1910），徐家汇天主教堂即派教徒前来莘庄镇发展编结点。他们重点依托莘庄镇北首南张天主堂的宗教影响，以教徒家庭为重点，网罗会编结的本地民女用细钢丝钩针改良欧式编结法，并采用定期发货、计件付酬的方式，批量生产朵头花和码带花边。

据生于1918年的南张村村民周顺余称，光绪年间，南张天主堂所在的村宅中43户人家大多信教，并有生于光绪元年（1875）的周平生、周福生等4人在徐家汇天主堂担任神职人员，经常往返于徐家汇和莘庄。此时，南张天主堂内有修女从事手套编织。周顺余七八岁时，亲眼见到做弥撒的神父所穿袍服的下摆，镶有本地人编结的马铃花边。

经实地观察和多方协商，花边行销商选中位于莘庄镇市中平桥堍南街口黄金地段、又离莘庄火车站不远的吴协和布庄，在此建立花边收发业务。

于是，这里便成为莘庄地区花边生产的源头。

钩编技艺的飞跃

这里早期的花边生产,最初也是用缝衣针在棚架上做的针绣花边,后改为使用钩针来编结,来料加工朵头花、码带花边。朵头花主要是马铃花形,因以花形朵数计酬而得名,又称马铃花边。码带花边因以尺码长度计酬而得名,花形似弯直型网状花朵(本地俗称“扇子花边”“八角星花边”等),每码长 82.5 厘米,宽 5—6 厘米,主要连缀于神堂供桌桌围边沿、神父衣着下摆、女装领口和袖口等镶边装饰,也饰于枕套、台布、窗帘等物品上,制品具有镂空立体的艺术效果,惹人喜爱。

二十世纪二十年代,莘庄地区的手工编结户越来越多,编结品的样式从单纯的来料加工朵头花和码带花边,逐渐发展到自创花样,承接编结各种式样的网眼手套、包袋等业务。这一过程极为不容易,使本地的钩针编结技艺得到提升,形成一次质的飞跃。

朵头花和码带花边的编结工艺较为简单,只消运用辫子针、长针、短针之类最普通针法即可完成,而编结网眼手套时,要求所有网眼辫子的大小钩得一个样,整体协调一致;编结包袋则需要运用多种针法,用不同的花形就会结出不同的款式,连捏针捏线的手法也复杂多了,若掌握不当,成品就会不合格,因此普通编结者难以无师自通。好在莘庄地区已经拥有一批心灵手巧的编结能手,行销商即依靠她们编结出实样,获得订单,并依靠她们传授本地人,逐步得以推广。在实践中,她们创造了一系列独特的针法,还为其取了通俗易记的土名称,像什么模样就叫什么名称,如有“辫子针”“蜜枣针”“玉米针”“大麦针”“萝卜丝针”“珍珠针”“狗牙针”等;或怎样钩就怎么叫,如有“外钩针”“内钩针”“长针”“长长针”“交叉长针”“多饶针”等。不少针法还有操作极强的俗名,如挂针称“一拖头”、中长针称“一绕一拖”、长针称“一绕二拖”、长长针称“二绕三拖”、圈卷长针称“三绕四拖”。用这多种针法便结出种种花形,加以不同组合,就可以编结出千变万化的款式,适应市场需求。

莘庄地区的结花快手在实践中还积累了不少窍门，例如：她们左手捏线，右手执钩针，通过缠绕和钩拉等技法，很快就能结出花样，而且大多用中指挑线法编结，使手指的摆动幅度小，动作更快捷；喜欢将购来的钩针再做些加工，给钩针捏手处套上一小段细竹管，或缠绕纱线，掌握时手感舒适，又便于识别其主人；在钩针尾部位戳上一小块去皮的高粱秸，编结时感觉起了平衡作用，可以省力。因此，她们结花边的速度明显快于其他地区，收入可喜。

钩针花边编结初学者一般从“引线”“扎辫子”“扣短针”学起，学会了钩编“梅花瓣”“搭长脚”“饶脚”等基本技法后，即可按图纸进行编结出成品。由于要求学习钩针编结手艺者日益增多，传授技艺者一般要向学艺者索取一至二元拜师费，而在初学的几个月里，给传艺者无报酬做工。

在农村，粮棉生产一年一熟，能否丰收还得“靠天吃饭”，而且一般没有特殊手艺的农户平时缺少现钱零用，要靠一些挣些副业收入维持日常开销。而编结花边，不论季节不靠天，不用投资无风险，不分昼夜均可做，只要不怕劳累，如期完成加工任务即可换取现钱，尽管工价不高，仍然被不少人家视作养家糊口的首选门道。

当时，本地女性自幼耳濡目染，稍会劳作就学习钩针编结技艺，一般十岁左右的女孩靠“小扎钩”即能成为家中的创收劳力，不到二十岁即能成为“结花快手”，如同自家的“摇钱树”。

更重要的是，花边制品需要不断地更新款式，才能持续地满足顾客心理，真正赢得市场，而其关键在于行销商能够不断提供适合编结的新图案和新技法，俗称“新花样”。

当时，由于服饰设计力量不足，行销商们手中的花边图样时常不见更新，难以适应讲究时尚的欧美市场，或者从欧美市场获得了新款式实样，却未能及时转化为可供实际编结的花样图纸。为此，花边行销商们很焦急。情急之中他们发现在本地的“结花快手”中，有一些心灵手巧的中青年女性不但手艺精良，还能够传授编结技艺，特别出众者还“看得懂图样”，新花样不学自通，而且熟能生巧，会利用针法的不同组合自行“出新花样”，创造出一项又一项新图形和新针法，使新款式转化新工艺。花边洋行的行销者和设计师便在这里挖掘人才，依靠本地这批编结高手不断地编制出“新花样”，或根据市场新要求编制出新的针法组合，从而使编结制品的花形图案日趋丰富，迅速适应市场需求，赢得时尚人群持续不断的喜爱。同时，她们的编结用料也由单一的白棉纱线，扩展到用米色、灰色、蓝色棉线及粗线等。编结手法则扩展为编结方格网，运用朵头花的有机镶拼和不同组合，编结出了越来越多的家用饰品和服饰。

在这数十年间，由于市场需求的不断推动，莘庄地区涌现出了一批又一批能够自行编创“新花样”的编结能人，因此花边洋行的订单纷纷投向莘庄地区。

本地花边商号

1924 年，莘庄镇上出现了专事门市收购及串乡上门收购花边的花边号，当时规模最大的首推吴协和花边号。

吴协和花边号位于莘庄镇南街 50 号，地处闹市口，业主吴访贤。原先经营布庄，兼营花边收发业务几年之后，同上海四川路附近的英商华泰洋行直接订立合约，从此专门经营花边业务。从 1936 年起，吴协和店铺索性撤销布庄，建造了规模很大的“前店、中坊、后宅”的二层楼自用房屋，不仅全家人员投入花边收发管理，还投资设立加工作坊，雇佣了四名员工承担编结制品的洗洁、整烫等加工手续，然后直接发货供出口。

精明的吴协和花边号并不满足于此，它设法通过民间集资，自行建立加工作坊，直接完成花边制品的再加工。此举省略了中间商的麻烦，更加赢得了洋行的好感，在购销业务环节上明显胜于他人，因此其订单不断，经营规模越做越大，业务涉及莘庄地区的千家万户，其实力迅速显赫一方，经济收入居全镇之冠，令人刮目相看。

如此信息不胫而走，莘庄镇周边地区原有的布庄也纷纷模仿吴协和花边号的经营模式，将布庄改为花边号或兼营起花边加工业务，经洋行出口。

不久，漕河泾镇上就有了森盛号、诸根堂号，七宝镇上也有了金秋波号、汪克勤号，梅陇镇上有了梅子香号，朱行镇上有了万泰号，分别与英美商人开设的巴特司、华泰、远东等洋行及华人开设的国利、利通、庆福、永惠等店号及顾少也的美艺花边公司建立生产业务关系。

1941 年 12 月，日本偷袭珍珠港，太平洋战争爆发。由于到处战火纷飞，花边产品的出口外销没有了途径，本地花边编结业因此陷入全面停顿状态。

抗日战争胜利后，莘庄镇上的吴协和花边号率先重新恢复花边业务，并扩大规模，雇工四人，承担洗洁、整烫等加工手续，经济收入很快就居全镇之冠。

新中国成立之初，花边外销因外贸渠道不畅而一度停顿，后得以恢复并迅速扩大，产品主要出口到苏联、东欧及香港。

1950 年，莘庄镇上仍有花边号三家，吴协和商号还在七宝镇上设有花边分号。

1954 年，莘庄镇上居民自发组织十多个编结小组，每组五人，各选代表到吴协和号领取棉线接任务，完成后交货。莘庄镇郊的农民户仍以家庭生产为主，个别村宅自行组成编结小组。

手钩产品持续发展

自 1958 年起，各乡镇相继成立花边手套供销合作社，私营商号全部被吸纳。莘庄镇组织建立起集体合作性质的编结加工场，时有编结人员一百多人。

莘庄地区的钩针编结产品，从最初的生产朵头花和码带花边，逐步随着市场需求的变化和编结技艺的提升，推出新产品，形成了三大系列：

第一，手钩花边带系列。

在生产码带花边的基础上，这里不断拓展，推出了系列性的手钩花边带产品。手钩花边带花形清晰，手法精细，适与布料镶拼，可制成各种款式的台布、盘布、窗帘、靠垫、床罩等室内装饰用品。

从二十世纪七十年代起，在上海市外贸进出口公司的推动下，莘庄地区大批量生产由手钩花边带发展的室内装饰用品。这些产品美观又实用,畅销欧洲市场。在西德,成了陪嫁女儿的必备用品。

在此基础上,一百多种手钩花边带的标准样品系列在莘庄产生,各地均按莘庄的样品组织批量生产。

第二,手钩生活用品系列。

二十世纪六十年代,来料加工定制产品主要有手钩的帽子、手套、包袋等实用品及玩具,以及纯手钩编结的台毯、盆毯、床毯、窗帘、靠垫、床罩等室内装饰用品。

第三,手钩服饰系列。

六十年代后期,本地开始编结棉线外衣与人造丝外衣,俗称"结大衣"。1972年起,应用羊毛编结钩针外衣,款式多样。1981年起,生产马海毛编结衣。

服饰原料有棉线、晴尼线、羊毛、马海毛、麻线等。编结时将钩针与棒针结合、钩针与镶绣制品结合,并采用嵌花、贴花、绣花、提花、穿珠、穿丝带、皮带等工艺制作,使不少款式的产品成为中高档艺术服装。

割不掉的"尾巴"

1966年"文化大革命"爆发后,农村到处限制家庭副业发展。在莘庄公社,"小扎钩"被称为"资本主义尾巴",属取缔之列。然而,它直接关系到千家万户的家庭收入,一阵风潮之后,又普遍地恢复了。

当时规定凡社员家庭为编结收发站加工产品而所得收入,必须全部划入所属生产队的集体账户,到年终分红时还要扣除一定比例(一般为10%)提成后,才可发放到社员家庭。有些地区甚至规定,每个女劳动力每年的编结收入不得超过九十元,超过部分的50%要扣归集体。同时,编结收发业务被严加控制,以致当地的花边业生产连续七年不景气,农民家庭收入明显减少。在这样的社会背景下,不少地区农户的编结收入仍高于集体生产收入(称工分收入)。

据莘庄《褚家塘志》记载:褚家塘生产队1974年年终分红总额为21 642.80

元,其中家庭编结款为10 999.38元,占50.82%。全队27户有12户编结收入超过工分收入,最高户达282.72元,占年终实际分红金额的167.3%。纯农户中最高为271.38元,占65.76%;最低为219.05元,也占到24.06%。

值得回味的是,这一条“资本主义尾巴”,在当时的莘庄公社割了一年又一年,几经反复折腾,始终难以消亡,直到“文化大革命”结束仍没有被割掉。

莘庄花边厂崛起

1960年12月,上海县政府迁至莘庄镇,在道院浜南隙地建起县政府大楼。这里成为县城后,市政建设得以长足发展。

1963年起,由于国家注重发展对外贸易,莘庄镇上的编结任务骤然增加,编结加工场相应扩展,并因其工艺操作简便,拾起可编,随时可歇,大多延伸到家庭生产。当时,主要编结书包袋、帽子、手套及玩具,其中娃娃形象达12种,小狗、小猫、熊猫玩具小巧玲珑,在国外市场享有盛名。周边乡村作为家庭副业,十至五十岁的女子几乎人人参与。其中约有1%的编结人员能够按图翻编实样或设计新样,7%的人员编结水平较高。每年可以创翻一两百种花样,经常采用的传统花形有扇子花、桂花、小草头花、大草头花、牛角花、圆心花、耳朵花、车袋通花、稀眼花、双绕珠花、香烟通花等。

“文化大革命”开始后,在莘庄镇上并没有形成割“资本主义尾巴”的风潮,部分居民家庭始终以此谋生。1967年,随着上海花边业的新发展,莘庄镇上设立了镇办的花边加工厂(承接上海市工艺品进出口公司业务)和居委办的花边加工厂(承接上海县手工艺品总厂编结业务),各拥有编结人员一百多人。1970年,两个花边加工厂合并。

1979年3月,莘庄镇为安排大批回沪知识青年就业,在原有花边加工厂的基础上,着手创办“莘庄花边厂”。

5月,莘庄花边厂正式成立,厂部设在小西街1号,最初只有十几个人,渐吸收编结加工厂人员,增加到58人。后将厂部和整烫包装车间设在莘庄镇防空指挥部的地下室里,洗涤车间、产品收发站设在西街上,设计打样组设在中街杨家弄堂内。设备简陋,工艺简单,品种单一,洗洁、烘干等工序要依靠外单位处理。

1982 年 5 月 18 日,莘庄花边厂迁入在莘东路 75 号建造的新厂房,面积 4 400 平方米,职工有 149 人(其中技术、管理人员 30 多人),设备不断完善,固定资产达到 85 万元。厂部下设办公室、生产、业务、财务、产量管理、技术、后勤等科室,整烫、定型两个车间,有验收、样子、钩衣、锅炉、中转、机修等六个组,以及四个仓库。

莘庄花边厂与上海市抽纱进出口公司签订协议,企业产品代号为“X”。自行设计生产的第一件产品是 96 厘米×110 厘米床罩(产品代号 X11),主花和带子用棒针编结而成,花心和主花外围用钩针联结,一件床罩需用两个多月的工作日才能完成。

当时,根据外销商提供的图片,急需打出样品,但是仅看图片无法摸清针法,尤其是棒针编结部分,花边厂就派了 4 个人赶到广东省汕头地区,了解汕头编结工艺,默默地记下针法,晚上回到旅馆,四人就动手编结打样,凡不清楚的地方第二天再次看人家的编结。从汕头回来后,梳理清产品的所需针法,反复打样,一块 36 英寸的台布从一朵朵的主花到外框的带子及最外面的半朵花边丝终于成形了。上海抽纱进出口公司派员前来确认后,向莘庄花边厂下达了第一份外销合同单。

不久传来喜讯,“X11”产品在海外市场获得了好评。这次创业性质的技艺开发成果,使莘庄花边厂获得了“第一桶金”,因此“X11”产品被称作莘庄花边厂的“发家产品”。后来,“X11”产品成为当时上海抽纱进出口公司台布类中的明星产品,也成为支撑莘庄花边厂十多年生产项目的当家产品。

到 1979 年底,莘庄花边厂基本形成了样品设计、生产业务、财务统计、原材料采购等方面的企业基本管理网络,当年产值为 59 万元,利润 8. 5 万元。

建厂第二年,产值一下子达到 400 多万元,利润 70 多万元。第三年产值 700 多万元,基本形成盘布、台布、床上用品等手工抽纱系列制品生产规模。

当时,莘庄花边厂最热门的部门是设在西街上的花边收发站,取名为“知青收发站”。每天从早到晚人头攒动,街两旁停满了自行车,有取货的,

有学花的,有交货的。只要得知第二天将“发线”(发放家庭编结任务),半夜里就有许多镇上居民在“知青收发站”门口排队,连近邻的颛桥、七宝、梅陇、北桥等地编结户也会赶来。有几个编结大户,拿了一批蛇皮袋来领线,如颛桥的肖凤寿(人称阿肖)、马桥的平桂花(人称阿平)等,手下都有好几百人的钩编队伍。周边长桥、颛桥、吴泾等镇上的居委会,也组织起编结加工点,到知青收发站来认领加工任务。尽管当时的加工费很低,一个人连钩十小时,加工费只有一元钱多一点,但加工者仍认为“拿到线,就像拿到了钱”,加工的任务难度再大、加工费再便宜,也会有人抢着做。

莘庄花边厂的产品日益丰富,有些成为广受客户欢迎的热门产品,如纯钩针编结的60厘米×60厘米圆台布(代号X28),圆台布中心的八只环形花利用蜜枣针编结成一串串蜜枣花(人称“葡萄花”),花的外围用扇形花组成,立体感很强。由厂技术员毛静芳设计的纯钩针编结的54厘米×72厘米台布(代号X67),主花花形美观,好像冬季的冰花,又像一只只汽水扳头,因此人称“汽水扳头花”。她设计的纯钩针编结的36厘米×36厘米台布(代号X77),人称“风车花”,工针简单,花形突出。纯钩针编结的16厘米×43厘米盘布(代号X323),花心起针用三绕四拖的长针钩法,花形称太阳花。纯钩针编结的36厘米×36厘米圆台布(代号X44),主要花形为叶子圆花,人称叶子花。这些深受客户青睐的主打产品,造型美观,又拓展了钩针编结技艺,而工艺简单,加工方便,成本较低,产值率高,自然成了花边厂的当家产品。

在此基础上,莘庄花边厂在莘北路地段征用5 000余平方米土地。建造了建筑面积为5 600平方米的正式厂房,于1982年6月迁入后,生产和管理机构全面建立,设有七科一室三个车间,即技术科、业务科、生产科、质检科、财务科、统计科、供应科、厂部办公室、动力车间、漂洗车间、整烫车间,生产设备更加齐全,产品更加丰富。至1984年,自创样品达三百多种,常年生产有台毯、盆毯、床毯、台布、窗帘、床罩、靠垫、茶巾、花边带及围裙等数十个品种。

1984年,经中央轻工业部和对外经济贸易部联合审核,莘庄花边厂被确定为全国抽纱工艺品定点生产单位,正式纳入国家生产计划。1985年,莘庄花边厂全年生产抽纱制品67.7万打片,总产值达956万元,利润132万元,为国家创外汇 300 万美元。

1987 年起,莘庄花边厂与上海抽纱公司联营,改名为"上海抽纱公司莘庄花边总厂",钩编生产迈上了新台阶。

1995 年,16 厘米×43 厘米盘布(代号 X323)获得"优秀成果奖"。由此,莘庄花边厂每年有 100 多万件钩编产品远销日本、德国、瑞士、意大利、希腊、美国、加拿大、澳大利亚等 30 个国家。

上海手工艺品总厂

上海手工艺品总厂为上海县县属集体所有制企业,当地俗称"县艺品厂"。其前身是龙华区花边供销生产合作社,1955 年 1 月创设于漕河泾镇,人员大多来自上海县各镇刚撤销的私营花边商号。1958 年 10 月,改名为"七一公社工艺品编织厂",1959 年迁到七宝镇。1962 年,改名为"上海县手工艺品厂"。1965 年 9 月,又改名为"上海县手工艺品合作工厂",同年 12 月厂址迁往上海县府所在地莘庄镇莘建路 30 号,隶属上海县工业局。

这里早期专事生产棉线钩针衣,大部分产品运销日本。1972 年增加生产羊毛钩针衣。

上海手工艺品总厂的产品全部靠外发手工编结。1965—1970 年,厂外加工站有 16 个,外发人数约四五万人。1970—1978 年,厂外设 16 至 19 个站,外发人数约 7 万人。

1979 年起,这里也生产棒针毛衣和机织衣,产品样式众多,花形达千余种,在全国同行业中名列前茅。由于生产规模持续扩大,1980 年 11 月改名为"上海手工艺品厂",1984 年定名为"上海手工艺品总厂"。

1978 年以后,这里的花边编结业务采用棒、钩、绣、镶、嵌工艺,加工中高档羊毛、开司米时装,花形达千余种,在全国同行业中名列前茅。上海手工艺品总厂主要从事产品设计、技术培训和收管、检验、整烫、包装等工作,管理 35 个编结收发站;从事业余编结的农民及城镇居民达 10 万余人。产品主要经中国工艺品进出口公司上海分公司,运销香港地区及日本、美国和联邦德国。每年企业产值突破 2 000 万元。

不久,在沪闵路 5011 号兴建手工艺品总厂新大楼,占地面积 10 476 平方米,建筑面积达 11 511 平方米,宏大的建筑一举成为当时莘庄镇的“门户地标”。

1980 年,上海手工艺品总厂的生产规模达到顶峰,当时在外省、县增设 37 个加工站,总数达 70 个站,外发人员达 12 万人之众。1984 年起发展趋缓,时有 35 个编结发站,分管 500 多个编结小组,外发人员达 10 余万。厂部分设产品设计、技术培训与管理科室。所有产品先经厂技术人员创翻样品,经客户确认后封样,再制订工艺规格,编制针法花形,标明辅料部位,计算用料,外发加工,回收检验,经整烫复验后包装入库。1984 年,职工 414 人,建筑面积 0. 82 万平方米,固定资产 147 万元,产值 1 821 万元,利润 164 万元。

上海手工艺品总厂的主要产品,早期用棉线编结窗帘、台布、手袋,后来又应用绒线、尼龙线等用料,增加了袜船、披风、包袋、床毯等品种。二十世纪六十年代后期,制作棉线外衣与人造丝外衣。1972 年起,编结羊毛钩针外衣,款式多样,花形主要有动物花、梭子花、叶子花、水仙花等。

1977 年,厂内设立翻创样与裁样技术组,有 20 余名技术人员。根据客商要求,将图片或照片放大为实样,平均每年要翻创 1 200 多种新样,款式、花形、编结技术和工艺都有所创新。常用针法有细针、辫子外、外钩、内钩、反扣、方服等 10 余种,基本花形有 9 种。采用钩、结、绣结合与镶珠(珠子、珠片、珠管)、嵌花等工艺。除采用外商提供的图案外,还自行设计了富有中国民族风格的“孔雀开屏”“鸭趣图”“清水芙蓉”“牡丹花”“水仙花”等品种。由于构思精巧,工艺复杂,图案丰富,色彩柔和,既实用又具有欣赏价值,每年都有六七十种新款式在广州中国进出口商品交易会展出。从 1979 年起,生产棒针衣,首批 3 万件。1981 年起,生产马海毛编结衣。1984 年,生产 17 类千余种产品,品种之多居全国同行业之首。

当时,组织大规模生产的主要产品是钩针帽与钩针衣。

钩针帽,选用 42 支/2×3 股或 10 支/3 股优质国产棉线,按客户要求加工。有八角帽、梭子帽、三色帽、拼花帽、金丝帽等。销往中东阿拉伯国家,也为国内回族同胞喜爱。常年合格率 99%以上。1980 年列为上海市外贸公司免检产品。1982年产45.23万打,产值700.9万元,创汇250万美元。

钩针衣,有棉线、晴尼线、羊毛、马海毛、麻线钩衣,以及钩针与棒针结合、钩针与镶绣制品结合,并采用嵌花、贴花、绣花、提花、穿珠、穿丝带、皮带等工艺制作,成为中高档艺术型服装。而且产品常年合格率能达到99%以上,因此1980年起被列为上海市外贸进出口公司免检产品,销往日本、澳大利亚、联邦德国和中国香港等国家和地区,享有盛誉。1982年,这类产品的年产量达到62.19万件,产值达到890.25万元,占全厂全年产值的36.85%。

发展到1986年,上海手工艺品总厂人均创利税8 834元。1986至1990年期间,又投资100多万元进行技术改造,引进了工艺编机等新型设备,生产规模再次扩展。1990年,年产量达到67.73万件(打、片),主要产品有棒针衣、钩针衣、机织衣、比利时花边,从单纯的盘花台布、沙发布发展到时装镶拼、台布镶拼及窗帘镶拼等。产品通过上海抽纱进出口公司、上海丝绸进出口公司和上海工艺品进出口公司等外贸渠道,远销到日本、美国等国际市场。1989年1月,上海手工艺品总厂析出部分车间,建立上海市申花工艺品厂,主要生产棒针工艺品。1988至1990年,手工艺品总厂连续三年获得上海市服装行业"三化产品"称号。1989年,被评为上海市先进企业。

发行400万册的工具书

随着钩针编结产业的发展,花样繁复的钩针编结技艺越来越受到人们的欢迎。学会钩编基本针法并不难,但要学会用不同的针法,编结出各种花样来就不容易了,其中最关键的要有花样及针法解读资料。

于是,为了推广钩针编结技艺,扩大手钩产品的影响,上海手工艺品总厂针对社会需求,组织本厂生产技术人员集体编写的一册《上海钩针花样大全》,并于1986年2月由上海文化出版社正式出版发行。

《上海钩针花样大全》一书,全面总结了在上海已流行80多年的钩针编结技艺。

数十年来,莘庄地区先后形成了近千种传统钩针编结花形,而且大多广

泛流行，编结能手们应用自如，但是始终没有做过系统的整理，谁也说不清究竟有多少种、分哪些类别。

《上海钩针花样大全》一书编写人员进行了认真梳理和研究，精选出500多种做了详尽的介绍，其中镂空花有300种、实心花有121种、花边有26种、拉丝花有12种、卷针花有5种、席纹花有15种、图案花有17种、装饰花有10种。当时最流行的传统花形是扇子花、桂花、小草头花、大草头花、牛角花、圆心花、耳朵花、车袋通花、香烟通花、稀眼花、双绕珠花等花形。

《上海钩针花样大全》封面

《上海钩针花样大全》一书还具体介绍了钩针编结的一系列基本针法，其中主要有辫子针、短针、中长针、长针、长长针、三卷长针、四卷长针、蜜枣针、变形蜜枣针、玉米针、倒人字形针、十字交叉针、外钩针、内钩针、萝卜丝针、大麦针、叠针、畦针、狗牙针、逆短针、拉丝针、七宝针、卷针等近30种。

由于《上海钩针花样大全》图文并茂，内容丰富，专业性强，又通俗易懂，因此出版后受到了全国各地钩编技艺爱好者的欢迎，成为手工编结者必备的工具书。此书十分畅销，每年售出100多万册。尽管上海文化出版社一版再版地连续加印，书店里仍供不应求。最终，这本书的印数总量竟然达到400万册。据说，由于此书的海量发行，“养”了上海文化出版社三年。此书的海量发行，促使钩针编结技艺几乎传遍了上海及周边省市的家家户户，成为当时三代人的共同记忆。

钩编技艺传天下

1976年，“文化大革命”结束之后，本地花边业生产重新得到持续发展。

在莘庄镇上的上海手工艺品总厂增设了申花工艺品厂,莘庄镇花边厂迅猛地扩大生产。七宝镇乘着“改革开放”的东风,率先在七莘路一号桥附近辟建了规模不小的“编结市场”,尝试直接开展花边生产和编结产品的市场交易,也吸引了众多海内外客商。

根据1984年的上海县花边产品收发量统计,仅莘庄镇就有21 800多人、莘庄乡有85 300多人参加花边加工,时称“十万织女”。

如此众多的农民、城镇居民每日随时随地都在从事钩针编结生产,以至当时上海县境内的街头巷尾,屋前场角,乃至会场、车站,随处可见织女们以一根钩针几团线结出花样繁复的制品。她们在开会、聊天、看戏、看电视时,也不会停下手中的钩针,连出门走亲眷时也必定会随身带着。夏夜里,在沪闵路、七莘路的每一盏路灯下,几乎都有一群围坐在一起结花边的女子。如此盛况,成为本地一道独特的人文风景线。

随着上海手工艺品总厂和莘庄花边厂外销业务的不断拓展,厂外的编结加工点也就越建越多,从事钩针编结的人员队伍迅速壮大,钩编技艺传承的辐射面也越来越广阔。

二十世纪八十年代,莘庄花边厂在周边的颛桥、七宝、龙华、曹行、马桥、塘湾、北桥乡和老闵行镇设有编结收发点有16个,还在上海市郊松江、青浦县,江苏省如皋、海安、启东、南通、海门、东台县和浙江省嵊泗、上虞、余姚、仙居、诸暨县等地设有编结收发点35个,合计达54个,有效地将生产业务扩展到长三角地区。

同时,莘庄花边厂还在江苏、山东、安徽等省分别建立了花边生产联营厂。在如此庞大的“加工网络”中,外省、县从事编结加工的人员达3.5万多人。

1980年时,上海手工艺品总厂在外省、县设立的加工站有37个,在这加工网络中从事编结加工的人员达5万多人。

钩针编结技艺随之传播到了上海全市及邻省各县。发展到1990年,上海县有艺品工业企业2家,职工670多人。

民风为之而变

手工编结业的兴盛，激发了莘庄地区妇女们的聪明才智。在普通编结人员之中，至少有1%为“高手”，能按照图纸编结出实样或设计新花样，有7%为“快手”，个人编结水平出众。她们是技艺传承和发展的核心力量，每年可以创翻出产品新样100多种。上海手工艺品总厂所培养的20多名技术员，每年翻创新样达1 200多种，实属罕见。在近百年的传承和发展过程中，这里形成了近千种传统花形，积累了30多种基本针法。在此基础上，她们采用钩、结、绣结合和镶珠、嵌花等新工艺，使产品不断翻新，变化无穷，既实用又有欣赏价值，在国际市场上享有盛誉，那些上乘产品常被人们作为礼品相赠。她们的创造力令人佩服！

100多年来，手工编结业的兴盛，有效地改善了本地民众的生计。本地农民，一年的编结收入相当或甚至超过农业收入。镇上居民也大多将编结收入作为相对可靠的经济来源，能够基本解决一家人的温饱问题。因此，长期以来，“随身一只结花篮，忙里偷闲钩起来”成了本地习俗。手中不常捏“小扎钩”的女子，时常被人们视作“懒”与“笨”的标志。而学花样最快，甚至会创造新花样的女子，自然成为人们公认的能人。

长期以来，本地妇女聪明才智的有效发挥和家庭副业产生的可观的经济效益，明显地提高了妇女们在家庭中的地位，也直接影响着当地民风民俗。

在这里，人们家中日常开销大多“靠小扎钩做出来的”，因此女子不论老幼强弱，个个都是生财的主要劳动力。“生个女儿多根针”，自然可喜可贺，从而抵消了传统社会“重男轻女”的生育观念。不少人家将女子视为家庭小康的保障，主张把女儿婚后留在自己家中，做“坐家囡”。即使在旧社会，当地女子对于自己的婚姻也有一定的自主权。

当地男人为了让家中的女人们安心编结，向来主动承担家务，还要挤出时间帮助女人整理结线、成品整形，认真当好下手。某些贫困户，连家中男子也加入了编结行列，而旁人决不会讥讽其有“女人腔”。女子在家中起到

"摇钱树"的作用,以致本地男子向以"怕老婆"出名,有民谚称之为"娘娘手里讨针线"。同时,这里的婆媳关系也与众不同,新媳妇的花轿到了场角边,一般不会自行出轿,必待婆婆主动上前搀扶,新娘才肯登堂入室。只因为人们一致认为,家中娶了个新媳妇,不仅能生子,而且还能生财。

近一百年间,这种不拘一格、融汇中西、持续创制新花样、引领新潮流,同时又恪守高品质的发展,赋予钩针编结技艺深刻的海派文化特征,从而长期引领我国花边产业的生产与风向。

莘庄地区"结花边"的发展历程,是上海近代社会与商品经济发展的经典个案。本地妇女在这片天地中展现了非凡的创造力,并以此自立自强,进而使其成为上海外贸的重要项目、地方经济的支柱产业、城乡家庭的主要副业。

进入二十一世纪,随着针织机械的发展、人们消费观念与生活方式的变化,致使钩针编结产业萎缩,技艺断代。

2007 年 5 月,莘庄钩针编结技艺被列为上海市非遗保护重点项目。十余年来,保护单位一直致力于传承人队伍、项目档案与文化生态的保护,不断丰富钩编技艺,产生了大批优秀作品。未来将进一步健全各项保障机制,拓展保护手段,使钩针编结技艺得到可持续的传承与发展。

钩针编结制品

小镇变县城

开通公交徐闵线

1958年,上海市建设闵行工业卫星城,并计划将上海县治迁到莘庄地区。于是,上海市规划院做了徐家汇至漕河泾及颛桥至闵行首尾两段老路拓宽改建规划,并规划新建中间段。上海市政府决定在漕河泾至颛桥之间,经过莘庄镇转弯南折,开辟四车道新线。

自11月起,沿途的机关、工厂、农村、城镇等各方人员无不欢欣鼓舞奔走相告,不用政府的反复宣传动员,一支浩浩荡荡的筑路大军在短时间里就组织起来。在全长20多千米的农田、乡间小道上路基施工现场全面铺开,人们紧张忙碌你追我赶。取土、运土、平整,使用的主要是农用工具,路基则由四人协力的粗重木夯来夯实。参加义务劳动的人们清晨踏着露水去,夜晚披着月光归,不取分文报酬,从无叫苦之言。路基筑成后,桥梁建筑、石方运输、沥青路面的浇筑机械化施工次第展开。沿途原有桥梁均重建加宽,还新建了西牌楼桥、莘庄横泾桥、春申桥、徐家湾桥等公路桥。

1959年5月1日,徐家汇至梅陇段工程竣工,正式通车。8月29日,沪闵路新线全线开通,全长21.27千米,路面由6米加宽到14至21米,总投资达1 100多万元,时为上海最长最宽的高等级沥青混凝土路面公路。至少4

车道的路面开阔平坦,笔直延伸,只在莘庄有个90度大转弯。如此大气豪迈的公路,似乎过于铺张,以致“文化大革命”中有人以“用一张张五元人民币铺路”作为“罪证”炮轰上海市政府。

自1959年9月5日起,沪闵公交汽车线改行新线,定名称“徐闵线”。漕河泾至徐家汇的公路段改称“漕溪路”,漕河泾至莘庄和莘店至颛桥的新路以及颛桥至闵行的旧路段合称“沪闵路”,而漕河泾至颛桥的旧路段改称“老沪闵路”,公交线易名称“徐闵支线”。

沪闵路辟新线并开通公交徐闵线,最大的社会效益是改变了莘庄地区的交通状况,成为陆路联通徐家汇、松江、金山、老闵行、奉贤等地的重要中途站,区位地位几乎是一夜之间得到极大的提升。

莘庄的发展再次有幸遇到了历史性的好机遇。

一举成为县城

在上海县的几大城镇中,莘庄镇并不处于领先地位。莘庄镇上的电灯系统在抗战时被毁。1958年4月28日,莘庄镇方才重新通电。

1960年12月,上海县县委和县人民政府从闵行正式迁至莘庄镇,首先在会真道院浜南隙地建造县政府大楼。这里成为县城后,市政建设得以长足发展。

1961年,县政府大楼落成,为莘建路201号,四层楼建筑,面积7 000多平方米。

1962年4月1日,位于莘庄镇西街市梢的上海县自来水厂开始供水,居民生活质量逐步提升。

1964年11月26日,开始填塞莘溪河,修筑莘浜路。至1965年底,莘浜路建成,并逐步辟为商业街,而原有东街、中街等功能消退,北街旧房率先被拆除,镇区格局随之发生巨变。

同时,居民人口迅速增加,县城发展初具规模。1955年10月,莘庄镇上常住人口2 997人,其中非农业常住人口1 784人。到1964年,镇区常住人

口增加到 9 000 多人,其中大量是县级企事业单位人员及其家属,地区人口结构发生重大变化,社会转型势在必然。

县政府大楼

随后,建成了东西向的莘南、莘浜、莘建、莘松、莘潭和南北向的莘东、莘凌、莘中、莘建支路、莘西等十条道路。

莘建、莘松、莘浜路成为骨干道路。莘建路有中共上海县委、县政府及县级机构、莘庄乡政府等。莘松路有县党校、县文化馆、县医院、县体育馆、县工人俱乐部等。

二十世纪七十年代后期,加快改造旧街,镇北、镇西兴建五六层居民住宅楼,镇区风貌彻底改变。

1984 年 9 月 1 日,上海县区划发生变化,北新泾、漕河泾、龙华三个重镇析出。莘庄镇区市政建设随之明显加快,建成东风、莘中、莘建和莘松一、二、三村 6 个居民新村,建筑面积超过 7.84 万平方米,1 000 多户居民住进新公房。新建了污水处理厂,生活设施日趋完备。镇东北部和镇西部形成工业区,市、县、镇属工厂分布其间。

就此,莘庄镇区真正成为上海县政治、经济、文化中心,为日后的大发展做好了铺垫。

1986 年莘庄镇区风貌

1989 年矗立在沪闵公路旁的黄道婆塑像

从横塘到淀浦河

横塘,起自青浦横泖,经松江佘山、泗泾、九亭地区一路向东,横贯莘庄地区中北部,直奔华泾入黄浦江。横塘河名最早见于明正德《松江府志》。清顺治十三年(1656),松江府分华亭县西南境置娄县,横塘成为华亭县和娄县的界河,由此将莘庄地区一分为二,塘北为娄县第三十五保,塘南属华亭县第三十六保。

1958 年,为了控制青浦、松江地区向东排水入黄浦江,从淀山湖起规划定线裁变取直、拓宽和实地开挖,并建节制闸和船闸,开辟了一条骨干河道,取名"淀浦河",途经松江、闵行地区,以横塘为基础。历经 1959 年、1971 年、1977 年三度施工,1976 年冬至 1977 年春,发动了上海市郊所有生产队的强劳动,14 万民工划地包干,日夜苦战,终于确保"淀浦河"在 1977 年 3 月全线贯通,8 月全线竣工通航,全长 46 千米。在莘庄段建有淀浦河东闸。

2019 年,由闵行区水务局、闵行区绿容局及相关街镇等部门共同推进淀浦河河道整治及绿道建设项目,主要建设内容包括贯通临水通道、完善堤防设施、提升景观绿化等。绿道融合沿线特色文化,充分考虑居民的休闲需求和绿色出行需求贯通步道。2020 年,工程建设基本结束后,干流堤防工程全面达标,航运功能得到优化,生态景观廊道基本建成。打造了"蓝绿共享"的水清、岸绿环境优美的休闲区,达到治水治岸、添绿添景的工程效果,实现了"安全之河、生态之河、景观之河、人文之河"的愿景。

从脚划船到高速公路

莘庄七宝常来往

1950年以前，莘庄地区没有公路，只有一条烂泥“官路”，南自颛桥，北抵七宝，路宽仅2.5米，路中央铺有石块。好在地处古冈身之上，地势高亢，不愁被水淹没。

莘庄镇与七宝镇之间，不远也不近，人员往来极为频繁，好在自古就有

二十世纪六十年代的七莘路

泥官路相通,在池河圈附近还建有一座歇凉亭。1956 年,这条泥官路扩建为 4 米宽的煤渣路,正式取名为“七莘路”。

1958 年 2 月 1 日起,七莘路再次拓宽后,开通了七宝至莘庄的 93 路公交线。

1959 年 1 月 20 日,由北新泾至七宝的 91 路公交线延伸至莘庄,全程 16.2 千米。

莘庄人“上松江”

莘庄镇西跨一条竹港河和沪杭铁路外环线就进入了松江区地域。历史上,莘庄一直属松江府华亭县或江苏省松江县,1948 年前后才划入上海市及上海县。松江镇自古就是江南经济重镇,自唐朝以来的县、府治均设在那里。莘庄与松江城的直线距离只有 20 千米,两地关系十分密切,但有史以来两地之间却没有直达的公路,来往交通主要靠水路和铁路,要么沿公路兜圈子。

这一地区河网纵横,修路必须架桥,无船难以远行。当年,轿子、独轮车、农家罱泥船代步出门,但要是莘庄人要靠其去一回松江城,那就得花上一整天。唯有富人家备有平底方头船,俗称“马头船”,因其船头方形,虽可载重,但行驶缓慢,去一次松江城,最快也要大半天。镇上时有顾姓者备有两艘较大的马头船从事客运业务,行驶于莘庄、泗泾之间,全程 9 千米。

清光绪十二年(1886),松江地区始有乌篷船往来乡镇间载客运货。绍兴人经营的乌篷船俗称“脚划船”“绍兴船”。船底长而尖削,船夫在后艄以双足蹬桨,走水甚快。莘庄镇上曾有“潘阿万脚划船”载客运货,能载重 5 吨,专航泗泾,每天往返一次。后来,发展到直达松江城,但两天只有一个班次。尽管日后有了以机动船为主的水路客运业,但松江与上海城区间的水路门户设在泗泾,莘庄人“上松江”只能先到泗泾兜一圈。

清光绪三十二年(1906),商办“江苏省铁路股份有限公司”集股筹筑沪杭甬铁路。光绪三十四年(1908)三月,上海至松江段通车。莘庄镇南栅口外设置莘庄火车站,人们便靠火车前往松江城。此时,坐火车去松江城,每天有两列客运慢车可搭乘。

1935年,有高姓商人用汽油船(即机动船)在莘庄镇开办通利轮船公司,码头设在镇南三官堂河浜边,航向为泗泾、佘山等地,客货兼营。每逢暮春时节,客运特别繁忙。1937年,因汽油价格上涨而停驶。

两地都在二十世纪三十年代就已经有了长途汽车客运业,但莘庄与松江镇之间,始终没有直达的公路,要么往南经北桥转北松路,要么往北在七宝转上泗路,20千米的距离却要多绕一倍以上的路。

上海解放后,沪杭铁路迅速发展,莘庄人"上松江"大多乘坐火车来去。

1985年5月,莘松高速公路开始兴建,被列为国家重点工程。1990年12月22日,竣工通车。它是上海至杭州抵昆明320国道的起始段,也是沪杭高速公路的组成部分。全长20.59千米,路面宽28.5米,行车时速可达120千米,全部用高级沥青混凝土铺设。公路设中央3米宽绿化分割带,两旁各有两条快车道,外侧有紧急停靠带。全线采用全控制出入,装有安全、防护、电话通信、电视监视等设施。全线共建有31座跨河桥和5座公路立交桥。从此,莘庄人到松江城去,只消10分钟就可到达。

沪闵高架路

自二十世纪九十年代中期,沪闵公路分两期开筑高架公路,至2003年全线贯通。

沪闵高架路,北起内环线漕溪路立交,南至外环线莘庄立交北端,为城市快速路,是陆路出入上海市区的南大门,亦是上海市总体路网的骨干射线路网之一。工程实施分两期进行。一期工程为柳州路上海南站至漕溪北路蒲汇塘路,长2.5千米,于1997年7月竣工通车。二期工程接一期柳州路至莘庄立交北端,长5.4千米,于2003年12月竣工通车。

外环线莘庄立交快速公路

立交桥下的村宅原貌

1992 年 10 月,本地区划发生重大变化,国务院批准撤销上海县和原闵行区,建立新的闵行区。1993 年 3 月 25 日,莘庄镇与莘庄乡合并为闵行区莘庄镇,境东与梅陇镇、南与颛桥镇、北与七宝镇为邻,西与松江县接壤,面积 15.55 平方千米,人口近 4 万人,辖 4 个居委会、9 个行政村。莘庄地区乘着改革开放的东风,大步迈向二十一世纪。

地铁通到莘庄

随着经济社会的迅猛发展,沪闵路上机动车辆日益增多,随之成为上海市最拥塞的道路之一。汽车从漕河泾进入沪闵路后,至少要过两道难关:梅陇、莘庄段,高峰时排队少则近千米,多则几千米,过这两关至少要一小时,还不包括在莘庄铁路道口等火车的时间。莘庄铁路道口每天白天有 25 列火车通过,一旦道口关闭,没有半小时无法恢复通行。由于拥塞严重,交通事故频发,甚至出现 4 车相撞、一次死亡 5 人的惨案。

为此,消除"肠梗阻"成为头等大事。随着上海南站、锦江乐园、南方商城以及上海体育场等大型公共建筑的投用,使得沪闵路交通更趋繁忙。

1995 年 4 月 10 日,上海轨道交通一号线一期工程(锦江乐园站—上海火车站站）通车试运行。7月，轨道交通一号线全线正式投入运营。

1994年12月，锦江乐园至莘庄的4.65千米延伸段正式开工。1996年12月28日，上海轨道交通一号线南延伸段（莘庄站—锦江乐园站）建成并试通车。1997年元旦，上海轨道交通一号线实现虹梅路站至莘庄站分段通车运营。1997年7月1日，上海轨道交通一号线实现（莘庄站—上海火车站站）全线联通运营。地铁一号线通到莘庄，使这里迅速成为本市中心城区的拓展地区。

闵行电视新闻报道画面

拓建新城区

随着沿沪闵路、水清路建起闵行区政府大楼，莘庄镇区跨过七莘路、北横泾开始向东拓展，时称“莘庄东区”。1992至1997年期间，水清新村、报春新村、黎安新村先后建成，疏影路、水清路、报春路、山花路、雅致路等拉大了莘庄镇区的格局，开始大规模接纳上海中心城区的动迁市民。水清路区域发展为闵行区行政机构集聚区。疏影路区域发展为莘庄镇政府机构集聚区。

1998年前后，随着上海地铁一号线延伸到莘庄，“上海莘城”在地铁南广场区域大规模开发。凯利大楼、金燕大厦率先崛起。莘南花园、世纪阳光园、春申四季苑等楼盘初具规模。之后，莘庄南广场区域大规模开发，上海莘城、春申居住区与颛桥银都新村、梅陇集心村毗邻，吸引了十余万居民从各地聚集而来。闵行区实验小学、莘松中学、莘庄中学等纷纷把总校或分校搬至这一区域，闵行区图书馆、档案馆、少年活动中心、城市剧院、28万平方米的仲盛世界商城在这一区域崛起。随着标杆楼盘好世鹿鸣苑的建成，南广场区域的房产开发进入尾声。短短十年间，这里从无到有再造了一座莘庄新城。

迈入新世纪，莘庄镇以城市化带动现代化，城市的形态和功能不断形成和完善。莘松路沿线的东苑世纪名门、世纪茗苑，水清路沿线的阳明国际花苑、圣淘沙等品质楼盘和闵行区规模最大的小区上海康城先后崛起。

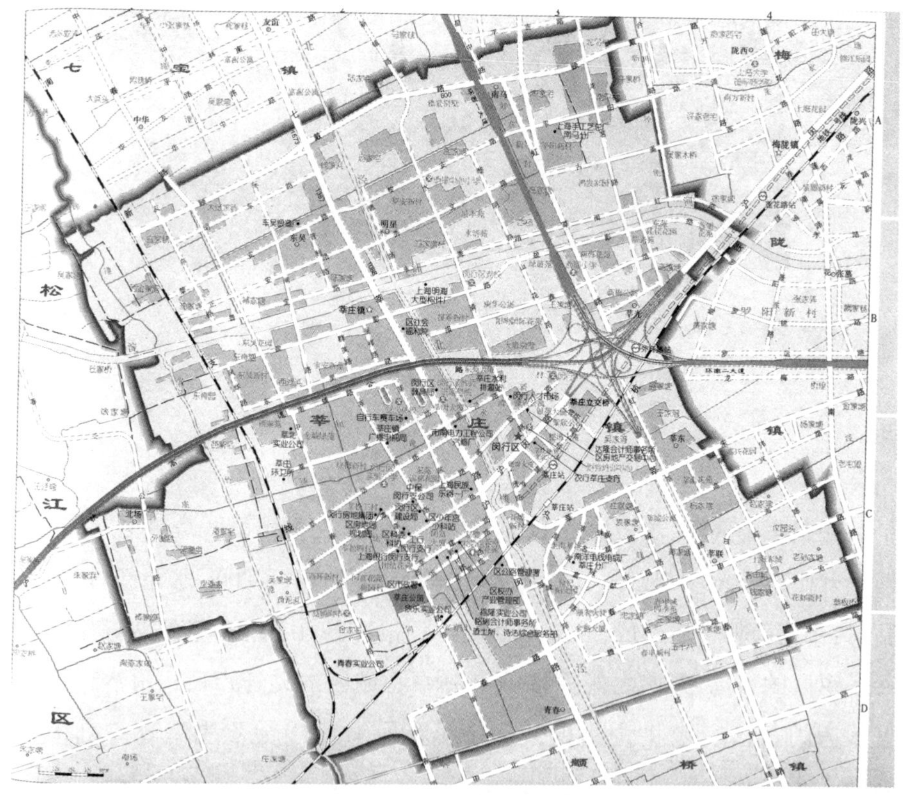

1999年莘庄区域地图

2012年以来,淀浦河北侧秀文路附近的莘庄商务区如火如荼地建设。凯德龙之梦与南广场的仲盛商城一道形成地区商业中心双巨头。TOD TOWN的天荟上盖工程正式启动。

1993年莘庄镇社会总产值5.34亿元,到2007年全镇完成165.87亿元,增长了30.06倍;1993年工业总产值4.58亿元,2007年完成118.66亿元,增长了24.91倍;1993年税收收入0.295亿元;相当于每平方公里产出社会总产值8.49亿元和税收1.59亿元。名列全国小城镇综合发展水平千强镇第四位,上海市第一位。

从人口看发展

清康熙二年(1663)时,莘庄地区常住人口仅有1 000多人。300年之后的1963年,莘庄地区常住人口约为1.27万人。

这300年间,本地区常住人口以农民为主,居住在镇上的乡民也是农与非农夹居。据1955年10月31日人口统计:莘北乡时有2 694人,其中非农业86人,莘南乡2 858人,其中非农业42人;南张乡4 198人,其中非农业50人;莘庄镇上有2 997人,其中非农业1 784人。因此,这里整体是个农耕社会。

上海解放前,莘庄镇区面积仅1.5平方千米,有户籍居民600多户(经商户十有三四),约2 900多人。17年后的1966年,这里已是县府所在地,增至1 062户,人口不足5 000,老莘庄人仍集居在老街上,而新莘庄人(主要是政府机关人员及家属)大多居住于新村楼房,各有生活圈。1984年,增至2 500多户,有8 700多人,呈新老杂居状态。

1982年6月30日全国第三次人口普查时,莘庄乡有15 547人,莘庄镇有9 616人,合计25 163人。这里的人口密度更能印证发展状况:1950年时,这里平均每平方千米有808人。至1986年,为1 154人。这36年间,每平方千米增加346人。

跨入二十一世纪,莘庄地区经济社会发展极为迅猛。2000年8月,莘庄镇常住人口 5.69 万多人。2004 年,镇区面积扩大至 19.3 平方千米,人口猛增至 17.6 万人,其中户籍人口 8.8 万人。到 2010 年,常住人口猛增到 27.79 万多人。这十年间的社会变化,真可谓翻天覆地。

2017 年,莘庄地区常住人口达到 29.6 万多人。一个城镇已经俨然成为一座现代化城市。

《上海市城市总体规划(2017—2035)》将莘庄定位为主城副中心之一。到 2035 年,全面建成具有世界影响力的社会主义现代化国际大都市的主城副中心,成为上海西南片区重要的行政中心、商贸中心、商务中心、文化中心、公共活动中心,宜居、宜业、宜游的人民城市,上海更新转型类城市副中心的标杆典范,经济社会发展主要指标达到发达国家中心城市副中心的先进水平。

莘庄东部新城区

附录

历史大事记（1265—1949）

宋咸淳间（1265—1274）

始建施水庵。

明正统十三年（1448）

春，莘庄人朱瑄中进士。次年，授陕西道监察御史。

成化五年（1469）

朱瑄出任山西按察司副使。两年后，辞职归乡。

成化二十年（1484）

春，朱瑄之子朱恩中进士。

正德五年（1510）

正月，朱恩担任南京礼部尚书。

正德十四年（1519）

朱恩之子朱良训中举人。

嘉靖十九年（1540）

陆昌庙始建聚星桥。

嘉靖二十一年（1542）

今莘庄地域属于松江府华亭县华亭乡。

嘉靖二十六年(1547)

朱良训之子朱大韶中进士。

嘉靖三十六年(1557)

朱大韶决意“不为五斗米折腰”,主动解职返回莘庄。

万历四年(1576)

朱恩家族墓园三十六保四十八图建成,乡人称“尚书坟”。

万历五年(1577)

朱大韶逝世,墓葬在三十六保三十四图,乡人称“朱家坟山”。

万历十六年(1588)

六月二十一日,莘庄城隍庙内立《乡约碑》。

万历年间

莘庄镇北始建三茅殿。

天启元年(1621)

春申塘大规模整治。

天启四年(1624)

七月十九日(9月1日),地震,震中北纬31.2度,东经121.5度。今莘庄工业区范围内震级为4.8级。莘庄镇出现地层龟裂的缺口。

崇祯元年(1628)

施水庵僧圣炯建万寿佛阁。

崇祯三年(1630)

《松江府志》刊行,“莘庄”地名列入其中。

清顺治十三年(1656)

华亭县、娄县分治,本地区属华亭县第三十六保下设的十七图、十八图、三十四图、三十五图、四十四图、四十五图、四十六图,属娄县第三十五保下设的十九图、二十图、二十二图。

顺治十八年(1661)

三官堂铜钟铸成。

康熙二年(1663)

《松江府志》刻本记载,莘庄镇时有人口数百,多诗书弦诵之家。

康熙二十二年(1683)

二月,莘庄城隍庙内立《松江府奉宪永禁地棍勒诈害民勒石》。

康熙二十八年(1689)

八月,圣姆娘娘庙立《助田记碑》。

康熙二十九年(1690)

四月十五日,莘庄城隍庙内立《华亭县奉宪永禁恶丐记碑》。

康熙五十九年(1720)

圣姆娘娘重建,立《重建圣姆娘娘庙记碑》。

乾隆十五年(1750)

冯孝言中举人。

乾隆十六年(1751)

冯孝言在盛介巷始建冯家祠堂,乡人称为“冯家旗杆”。

乾隆二十二年(1757)

七月十一日,莘庄城隍庙内立《奉宪严禁民间婚丧土棍不能霸持索诈勒石》。

乾隆五十一年(1786)

天灾岁荒。三十五保保正张超麒率众到娄县县衙请愿。后张超麒遭谋害。

乾隆五十三年(1788)

八月,江南巡抚审结“七宝漕弊惨案”。

乾隆五十四年(1789)

张超麒等十六人归葬莘庄庙泾桥北侧,立《娄县三十五保一十六氏之墓》碑。

乾隆六十年(1795)

冯以昌任江苏宜兴县教谕。

嘉庆十二年(1807)

十二月,冯以昌在北横塘庙西独建“逢嘉桥”。

嘉庆十三年(1808)

菊月,刻《重修陆昌庙记》。

嘉庆十五年(1810)

冯以昌在北横塘庙东创建张公祠、顾烈妇祠。

嘉庆十六年(1811)

正月,冯以昌重建“虹腾桥”(俗称“横塘桥”)。

嘉庆十九年(1814)

五月,冯以昌拿出家藏冯恩手迹,请人摹刻上石。

嘉庆二十二年(1817)

会真道院炼师李怀青创建“惜字局”,呼吁士民“敬惜字纸”。

嘉庆二十三年(1818)

陆昌庙重修,立《聚星桥碑》。

道光二十九年(1849)

六至七月,莘庄附近发生地震,达3.75级。

咸丰元年(1851)

正月十七日(2月16日),地震,在北纬31.6度,东经121.24度。

是年,西街修建“乐善堂”堂屋,设义塾。

咸丰十一年(1861)

莘庄镇建制团勇武装,实施戒严。

同治元年(1862)

二月二十二日,太平军占领莘庄镇。

是年,乐善堂毁于太平军兵事。次年,郑廷衡等重修。

同治二年(1863)

始建同康典当宅院。

同治五年(1866)

九月十五日(10月23日),莘庄老镇南发生地震,北纬31.1度,东经

121.4度,达4级。

同治六年(1867)

十二月初七(1月12日)子刻,莘庄老镇西发生地震,北纬31.4度,东经121.3度,达3.75级。

同治七年(1868)

三茅殿设文星阁义塾。

同治九年(1870)

华亭县知县张泽仁组织疏浚莘溪。

同治十年(1871)

华亭县知县张泽仁批准三官堂设义塾。

同治十三年(1874)

三官堂重修,并立碑刻“勒石永禁”。

是年,阙心渊创办阙氏私塾。

是年,竹港疏浚。

光绪元年(1875)

春申塘疏浚。

光绪二年(1876)

娄县三十五保乡董张渠卿捐赠建造南钱天主堂,人称“张宅家堂”。

光绪十三年(1887)

莘庄“轧花行”率先购置上海张万祥锡记铁工厂仿造日本式轧(棉)花车。

光绪十八年(1892)

南张村冯家祠堂毁于火灾。次年重建。

光绪二十一年(1895)

正月二十二(2月16日),莘庄老镇西发生地震,北纬31.3度,东经121.3度,达3.5级。

是年,叶家祠堂内创办叶鸿私塾。

光绪二十四年(1898)

五月二十一日(7月9日),一场“酸雨”使本地树木禾苗大多枯萎,城乡人心惶惶。

六月十四日（8 月 1 日）晚，饥民要求钱家塘大户人家开仓平粜。

六月十五日（8 月 2 日），大批饥民涌来，焚烧南钱天主堂相邻的张家房屋，神父禀报所谓“南钱教案”，夸大饥民抢粮实情。

八月初六（9 月 21 日），本地乡绅赶到娄县县衙告“饥民抢粮”。后来，立《华亭、娄、青浦三县永禁饥民抢粮碑》。

光绪二十七年（1901）

金振声在家创办私塾，亲自授课。

光绪二十八年（1902）

秋，南张新教堂落成。铸造铜钟，重百余千克。

光绪三十一年（1905）

莘庄乡董高仰山在城隍庙格思堂创建“蒙正学堂”。

光绪三十二年（1906）

是年，莘庄镇商会成立，借用西街曲尺湾“祖师堂”址建造新屋。

商办“江苏省铁路股份有限公司”集股筹筑沪杭甬铁路。

光绪三十三年（1907）

吴家塘学堂创建。

光绪三十四年（1908）

三月，沪杭铁路上海南站至松江段通车。在南街张家宅建莘庄火车站。

宣统元年（1909）

5 月 30 日，沪杭铁路上海至嘉兴段通车。

10 月 25 日，沪杭铁路上海至杭州段全线通车。

是年，“蒙正学堂”更名为“迪新学堂”。

是年，名士秦锡田到莘庄西河浜拜访张虞赓，彼此结为亲家。

南张乡绅张溥泉在横塘庙建“蒙养学堂”（又称“横塘书院”）。

宣统二年（1910）

徐家汇天主教堂派教徒前来莘庄镇发展编结点。

宣统三年(1911)

本镇超级大户金家东房翻建中街249号“金家房子”。

民国元年(1912)

1月1日,中华民国成立。撤销松江府,华亭、娄两县合并为华亭县,设民政长。本地区归华亭县,设乡董事。

是年,松江县警察局在莘庄设立第二分局。

是年,在西街曲尺湾盐公堂设立耶稣教福音堂,属松江乐恩堂管辖。

民国二年(1913)

建立松江县立第六高等小学校,三茅殿辟作礼堂。

民国三年(1914)

1月,华亭县改称松江县,莘庄乡归松江县。

4月1日,在东街131号设立三等邮局。

是年,金家湾王阿炳创办“轧花场”,时有脚踏轧花车三部。

民国四年(1915)

正月初二,张虞赓与秦锡田在三林学校为子女隆重举办新式婚礼。

民国五年(1916)

是年,设立松江县警察所莘庄分所,兼管泗泾、七宝等地治安。

陈宗源在莘庄地区创办“莼种园养蜂场”。

民国六年(1917)

金家湾王兆正创办“轧花场”,用一台牛打轧花车加工棉花。

民国七年(1918)

金振声任职海军部参事,获五虎嘉禾勋章。

民国九年(1920)

万恒丰酱园创办。

民国十一年(1922)

7月23日,松江县立甲种师范讲习所在三茅殿创办,设有附属小学。

民国十三年(1924)

10月15日晚,浙卢联军一团士兵洗劫莘庄镇上沿街商铺。

是年，松江县立甲种师范讲习所更名为“松江县立师范学校”。

私营华南农场在莘庄横沥港东、沪杭铁路北侧创建。

洋行买办董体芳在莘庄镇南大富浜西面建造“芳园”。

南街50号吴协和花边号专营花边业。

镇西市梢利生碾米厂购进直流发电机，晚上向部分居民供应照明用电。

民国十四年(1925)

4月，同康典当加注“泰记”重新开业。

初冬某夜，莘庄镇油坊起火，火焰延烧十余家商店及住房。

是年，西河浜大户张虞赓翻建中街187号房屋，并在道院浜建后花园。

民国十五年(1926)

冬，松江县第六高等小学教师张明光等在莘庄成立中国国民党松江县第二区党部。

是年，本地区灾情奇重。

法华镇何姓女(法名永明)在财神殿南募建应心庵。

民国十六年(1927)

3月21日拂晓，北伐军薛岳率部抵莘庄南部。清晨6时，先锋队占领火车站。

7月7日，上海特别市政府成立，拟设莘庄区，将莘庄乡竹港以东地区划入市区。但江苏省不肯割让，发生激烈争执。镇上设乡行政局。

民国十七年(1928)

6月7日，上海特别市社会局派员对莘庄区作情况调查。本地区现有土地37315亩，有4264户，18554人。儿童入学者男1317人，女1170人。

是年，雨量稀少，旱象已成，棉花不能播种。

乡人顾某、柳某捣毁城隍庙内全部神像，全镇哗然。

民国十八年(1929)

是年，莘庄乡改为松江县的第四区，设立区公所。

周三兴翻建中街263号“周家房子”。

李二白创建西李国民小学，隶属横溪小学。

“松江县立第六小学”改称为“莘庄小学”。

民国十九年(1930)

杨昌言租用郁家浜临河滩地建“莘野农场”(俗称“杨家花园”)。

是年,莘庄邮局由三等局升为二等甲级局,迁至南街 99 号。

民国二十年(1931)

松江城乡电话交换所在莘庄西街管源和花行装置手摇电话机。

民国二十一年(1932)

东街 105 号翻造“陆家大屋”宅院。

是年,乡人在冯家祠堂创设私立念修小学。

松江县立师范学校迁回松江城内。

民国二十二年(1933)

在陆昌庙创设“陆昌小学”。

民国二十三年(1934)

3 月,莘庄区为松江县第三区。

4 月,实行保甲制。

是年,张维城在“张家花园”西侧建设苗圃。

郁文焕等学员在叶家祠堂协办“叶氏义务小学”(又称“西李村初级小学”)。

民国二十四年(1935)

高姓商家开设通利轮船公司,备有机帆船航行于莘庄至泗泾、佘山之间。

是年,莘庄乡设立自卫团,有五十余人。

兴市电气公司在中街 264 号创办,电源来自上海华商电气公司。

民国二十五年(1936)

春,《西河草堂遗稿》刊印传世。

冬,莘庄小学校舍发生大火,大部分教室被毁,整座三茅殿焚毁。

民国二十六年(1937)

9 月中旬,“苏浙行动委员会别动队第一支队第三大队”在莘庄地区驻营集训。10 月 20 日,奉命开赴苏州河防线。

10 月 23 日凌晨,日军飞机侵入莘庄上空,投弹三枚。9 时许,又有日机编队飞来,俯冲投弹。

10 月 28 日,日本军机滥炸莘庄镇,投弹八枚。

11 月 11 日,莘庄沦陷,撤区公所,成立伪“维持会”。

民国二十七年(1938)

冬,日军一小队进驻莘庄镇和火车站。

民国二十八年(1939)

春,抗日游击队员邹坤宝等与莘庄镇陆昌谷、陆昌裕建立联系,编印《前进》刊物。

8 月 13 日黎明时,华方游击队与日军在莘庄镇北吴家塘、褚家塘发生遭遇战。

民国三十年(1941)

3 月,中共松江城东第一个地下党支部在春申庙小学建立。

7 月,莘庄小学修复校舍,重新开办。

12 月,日本偷袭珍珠港,太平洋战争爆发。本地花边编结业因此陷入全面停顿状态。

民国三十一年(1942)

春,中共莘(庄)七(宝)区委成立,时有党员 15 人,陈正华任书记。

春,由谈学琴发起组织莘溪业余体育会。

8 月 9 日(农历六月廿八)早晨,日军得知有游击队驻扎在褚家塘,即派兵赶来搜捕。扑空后放火焚烧五户人家十间房子。

9 月,日伪政府实施“清乡”政策,在莘庄沪杭铁路边设“大检问所”。

民国三十二年(1943)

春,陆昌裕在行医之余创办“莘溪交换阅读社”“书刊阅览室”。计永源、朱汝霖等创办《莘溪周刊》。

民国三十三年(1944)

11 月 20 日,陈正华发动娘娘乡乡民抗征军警米斗争。

秋，中共松江中心区委成立，陈正华任书记，联系原中共莘(庄)七(宝)区委的党员，属中共浦西工作委员会领导。

是年，地方人士在同康典当旧址创办私立莘溪小学。

民国三十四年(1945)

1月，中共淞浦地委开辟浦东至浦西的黄浦江秘密交通线，在莘庄乡西河浜设中转站。

5月23日(农历四月十二日)，中共松江工委在莘庄乡吉家巷村召开泗泾、七宝、莘庄、新桥地区各界代表会议，宣告建立抗日民主政权，定名“泗宝区公所”。

9月20日，陈正华、张复兴、张德忠等奉命随淞沪游击支队北撤。

是年，莘庄镇时有两个镇公所，一属上海市龙华区管辖，一属松江县管辖，各自为政，引起划界争议，持续三年，久悬不决。

莘庄小学在乐善堂分设四个班级。

民国三十五年(1946)

年初，莘庄地区划归上海市二十六区。

2月，莘庄小学改名为“上海市第二十六区莘庄国民学校”。

是年，中街203号沈家宅院重新全面翻建。

是年，莘庄邮局开始办理少量来信邮转电报。

民国三十六年(1947)

5月，经南京行政院核定，莘庄镇地属上海市龙华区。

民国三十七年(1948)

年初，莘庄小学新建平房十五间，开始初具规模。

民国三十八年(1949)

4月28日，驻守莘庄镇的国民党军队向东撤往叶家祠堂碉堡防线，并炸毁莘庄镇东横沥铁路桥。

5月15日，中国人民解放军第三野战军20军178团解放莘庄地区。不久，松江县人民政府接管莘庄乡，乡长侯永年、指导员陈姜链到职办公。

5月18日，人民解放军178团1营进驻莘庄。

7 月 7 日，莘庄乡划归上海市龙华区管辖。横塘以北划为宝南乡，横塘以南划为莘庄乡（后又分为莘北乡、莘南乡）、莘庄镇。

7 月 19 日凌晨，上海知识青年随军南下服务团人员登上沪杭铁路列车，在莘庄火车站等候列车交会时，突遭国民党敌机袭击，四人遇难。

是年，莘庄镇进行人口统计，镇区共有 624 户，2 900 多人。周边乡村有人口 8 000 多人。

莘庄地区历史沿革表

<table>
<tr><td>唐天宝十载(751)</td><td colspan="2">松江府华亭县三十六保</td><td colspan="2">华亭县三十五保</td></tr>
<tr><td>清顺治十三年(1656)</td><td colspan="2">松江府华亭县</td><td colspan="2">松江府娄县</td></tr>
<tr><td>民国元年(1912)</td><td colspan="4">江苏省华亭县</td></tr>
<tr><td>民国三年(1914)</td><td colspan="2">江苏省松江县莘庄镇</td><td colspan="2">莘庄乡</td></tr>
<tr><td>民国十七年(1928)</td><td colspan="4">上海特别市莘庄区</td></tr>
<tr><td>民国十八年(1929)</td><td colspan="4">江苏省松江县莘庄区</td></tr>
<tr><td>民国三十五年(1946)</td><td colspan="2">上海市二十六区莘庄镇</td><td colspan="2">莘庄乡</td></tr>
<tr><td>民国三十六年(1947)</td><td colspan="2">上海市龙华区莘庄镇</td><td colspan="2">莘庄乡</td></tr>
<tr><td>1949 年 5 月</td><td colspan="4">江苏省松江县莘庄乡</td></tr>
<tr><td>1949 年 7 月</td><td colspan="4">上海市龙华区莘庄乡</td></tr>
<tr><td>1951 年 7 月</td><td>莘庄镇</td><td colspan="2">莘庄乡</td><td>宝南乡</td></tr>
<tr><td>1956 年 2 月</td><td colspan="4">上海市西郊区莘庄乡</td></tr>
<tr><td>1958 年 7 月</td><td colspan="4">上海市上海县莘庄乡</td></tr>
<tr><td>1958 年 9 月 21 日</td><td colspan="4">上海县七一人民公社第二、三大队</td></tr>
<tr><td>1961 年 8 月 18 日</td><td colspan="4">上海县莘庄人民公社</td></tr>
<tr><td>1966 年 5 月</td><td rowspan="2">莘庄镇</td><td colspan="3">莘庄公社</td></tr>
<tr><td>1984 年 3 月</td><td colspan="3">莘庄乡</td></tr>
<tr><td>1993 年 3 月 25 日</td><td colspan="4">闵行区莘庄镇</td></tr>
</table>

莘庄古墓碑刻一览

据民国《华娄续志残稿 · 金石志》等文献记载,莘庄地区曾有一些重要碑刻。

《新建逢嘉桥小记碑》,汪琇莹撰,清嘉庆元年(1796)立。今存闵行博物馆。

《奉政大夫国子监典簿沈虞扬墓志铭》,墓地嘉庆十一年(1806)建于镇北的西戚家湾,出土后曾存上海县文化馆。

《乡约碑》,明万历十六年(1588)六月二十一日立。正书九行,行三十四字,额正书,阴文“乡约碑”三字。曾存莘庄镇城隍庙。

《松江府奉宪永禁地棍勒诈害民勒石记碑》,民国《华娄续志残稿 · 金石志》记载:“康熙二十二年(1683)二月立石。正书,连禁款二十一行,行六十四字,有额,篆书阴文二行,题‘宪泽恩膏’四字。今存莘庄镇城隍庙。”

《助田记碑》,民国《华娄续志残稿 · 金石志》记载:“康熙二十八年(1689)岁次己巳八月立石。正书十二行,行四十二字,有额,正书阳文,横列四字。今存莘庄镇娘娘庙。”

《华亭县奉宪永禁恶丐记碑》,民国《华娄续志残稿 · 金石志》记载:“康熙二十九年(1690)岁次庚午四月十五日立石。碑分三截,正书,上截二十三行,行二十三字,下二截刻府县告示,有额,正书双钩计八字。今存莘庄镇。”

《重建圣姆娘娘庙记碑》,民国《华娄续志残稿·金石志》记载:"康熙五十九年(1720)岁次庚子季夏公建。正书九行,行三十九字,有额,正书,横列,题'重建碑记'。今存莘庄镇本庙。"

《奉宪严禁民间婚丧土棍不得霜持索诈勒石》,民国《华娄续志残稿·金石志》记载:"乾隆二十年(1755)岁次乙亥七月十一日立石。碑已模糊,无可辨识,可见者仅数十字而已,行字数无考。今存莘庄镇。"

《娄县三十五保十六人之墓碑》,《上海县文化志》记载:"清乾隆五十五年,乡民为保正张超琪等十六人为民请免钱粮被官府杖毙而立。今藏县文化馆。"

《重修陆昌庙记碑》,民国《华娄续志残稿·金石志》记载:"嘉庆十三年(1808)岁次丁卯菊月,古娄马德溥撰,莘溪金开泰录,正书十一行,行五十四字,后刻各图分修房屋及捐输姓氏十二行。今存莘庄镇本庙。"

嘉庆二十三年(1818)陆昌庙重修,岁次戊寅嘉平月立《聚星桥碑》。上邑潘成屿撰,蒲溪叶耕莘录。正书六行,行四十八字,有额,正书二行,行二字。后刻工料开支三行,助愿姓氏十三行,计七列。曾存莘庄镇陆昌庙。

《重修春申庙记碑》,民国三十年(1941)10月杜镇球《云间金石志》记载:"《重修春申庙记》,同治九年(1870)菊月。正书,连经办姓氏,计十二行,每行二十二字。有额,正书'春申庙'三字。"民国年间尚完好无损,竖立在春申君庙内墙上。

同时记载:"《重建春申庙碑记》,同治九年庚午小春。上海沈光照撰,里人高永□书。正书,十五行,每行三十一字。有额'碑记'二字。另有劝捐者姓名的勒石二方。"

《莘庄三官堂清同治碑》,原置莘庄三官堂内。《上海县文化志》记载:"清同治十年(1871)立。碑文模糊,有'江苏松江府正堂加一级杨'字样。今藏县文化馆。"

《华亭县正堂永禁碑》,《上海县文化志》记载:"原在莘庄三官堂内,现藏县文化馆。清同治十三年(1874)立。碑文模糊。"

上述碑刻如今大多下落不明。

文献资料选

山西按察司副使朱瑄墓表

［吴宽撰，明弘治十一年(1498)］

弘治十一年十月二十四日，山西提刑按察司副使致仕朱公，年八十三而终。公有子恩，仕于国朝刑部郎中，持制服将归，欲得墓文以葬，其寮友顾君大宁辈偕来以请，予与恩以同乡，故相过从久，不能违也。恩既归，始以江西布政使叶公所为状，托其友太仆少卿刘君来致其意，曰：公葬期迫矣，待此以刻乃视其状叙之。朱故，通许人也。当宋中世之乱，从驾南渡，以松江地僻，可避兵难，始择华亭之七宝镇家焉。曾祖道华，祖士清，父慎恒。慎恒娶陆氏，生公讳瑄，字某别，号钝庵。幼有高资，总角能赋诗有奇句。稍长，益善记览，入府学。为弟子时，庐陵孙先生掌教事，适周文襄公以巡抚至，而提学御史为彭公。二公问弟子之颖敏者，孙先生首以公对试之。果然，公初习《春秋》，孙先生深于诗者更授以诗。甫三月，即通其义。正统三年，遂登应天府乡举，及还。其父适自卢龙戍所归，父子相见甚欢。未几，公当赴礼部试，曰："吾常以亲寓远方，不得日侍左右，口恨今复忍违远乎？"竟不赴。又十年，始登进士第。明年，授陕西道监察御史。时有北虏之变，京师戒严，朝廷命诸将悉兵往御，公以御史大军中纪功。临行，语其妻王氏，曰："吾今不能顾家矣,汝亟归奉吾亲,吾惟知有王事而已。”即日,戎服就道,谕诸将士以当奋勇死难之义,众皆感激。三日虏知,有备而遁,有诏班师,蒙宴赉甚厚。京师既无事,公奉旨出巡应天等六郡。有知太平县白玉者,连姻中贵,怙势为害。公廉得其事,即按以法。一时奸贪敛迹,属吏肃然。于是,周文襄公与公犹同行,郡称叹不已。岁满代还都,御史陈公镒知其才,俾掌三法司事。俄丁内艰,服除,擢山西佥事。属吏有不法者闻风而去,尤累平反冤狱,再清军伍明恕不苛,无隐没诬枉之弊,才名益起。凡分巡官缺,公辄兼领其事。一日至大同,有中贵亲幸者入其境,上下惊骇,莫知所为。公出郊迎之与语,其人竟敛威而去,值大雪,欲射猎为乐。公曰:“军士冻馁不堪必有死者,况道滑不便驰逐,独不自爱乎?”遂止。一时边人不至惊扰者公之力也。再丁外艰,服除复任。山西人多口,公不乐而公处之自如。成化五年,始擢副使。又二年,慨然上章请老,年五十五耳。人劝之,不顾归,与亲友徜徉园池间,赋诗饮酒相娱乐,每以善言训诫子孙,宗族所以力学治家之道,延师儒于塾,邻里子弟有愿学者皆来,受业后多有成材者。自少无兄弟,惟一姊与其夫俱蚤,世遗孤子女四人,悉口嫁娶,且与治田宅,不使失所,他所周恤人者尤多。公自登甲科,受官凡五十年,而家居者凡三十年,中间用其子郎中,秩满进阶中议大夫,赞治尹。公有六男二女孙男十二。当国初,其祖士清为邑乌溪大姓赵惠卿赘婿,赵以富豪于一方。士清逆,知其家必罹法,出居于外以避之,后竟保其家人,莫不贤智之。

按:朱瑄(1415—1498),字廷珍,号钝庵,明代莘庄镇人。自幼聪慧,能赋诗有奇句,明正统三年(1438)为举人。正统十三年(1448)中进士,授御史,官至山西按察司副使。五十五岁辞职返回家乡,逝于弘治十一年(1498)十月二十四日,享年八十三岁。墓表由吴宽(字原博,号匏庵、玉亭主,时任詹事府詹事)撰写。朱氏三世墓葬于莘朱路四号桥南,1958年挖掘出土陪葬品。铭文录自明代焦竑辑《国朝献征录》。

资善大夫南京礼部尚书慈溪朱公恩墓志铭

［费寀撰，嘉靖十五年(1536)］

公讳恩，字汝承，号溪翁。其先汴之通许人。宋南渡时，流寓华亭之七宝镇。四世至士清公赘婿乌溪里赵氏(惠卿)，遂籍乌溪人。士清生孟庸，封监察御史。孟庸生瑄，号钝庵，仕至按察副使，娶王氏，封恭人，有丈夫子六，公其长也。公生而颖异，儿时酬对宾客，即有成人志，弱冠文誉蔚然，传诵公卿间。以成化甲午发解南省，登甲辰进士第，初授行人，奉使得职例掌擢台谏，时有追忌钝庵骨鲠之风者，乃不复置公此官，迁刑部员外郎，进郎中，刚方与法，无所挠于权贵，徐驸马都尉张昌平、侯家，凭宠逾法度，莫敢谁何，公独洗磨王章持之如一匹夫，上因切责二人，以伸公法，而公之望著矣。平生好文，比居官逊志，吏事不通，问谒出入扃节门户，有关门朱郎中之称。至闻于孝皇亦亟称，问之马端肃，公时在吏部，稔知公，擢为其乡河南按察副使，进按察使。范文正公子孙在洛中者，衰落不振，公为核遗产数千亩，立茔户供洒扫，简其孙，贤者土祀事加廪禄焉。范氏刻石家庙，以颂其事。中官廖堂镇河南，以刺举劫制长吏而敛其贿，遂至贪墨成风，争营赂以缓祸取容。公至，尽缚墨吏，民赖以安。廖弟锦衣使者，朋昵扇奸，梗坏明法，人莫能挠，惟公排之甚力，廖深衔，将中伤之，以其持身之谨，无隙可乘，竟少辑以从公法。时襄毅许公方卧病于家，欣慕风裁，激赏无虚口，后襄毅继马公为冢宰，念公不衰。因转本道布政使，部内有矿利，廖以奇羡可自丰，借口足国啖，当路请开之。公抗章摈其议，有云："金银铅锡之利，人所共趋，公私相角，其势必争，往年山东之祸，实起于此，河南切近燕赵，联属京师，其民刁悍少虑，好任侠为奸，目无公法，一基此祸，其害不小，殆非数十年财力所能靖安也。"孰与罢之便，其议遂寝，河洛间得免祸衅，公之力也。寻以资绩见推，擢南京都察院右副都御史，巡视江道。祖行之日，大梁人举扳恋塞，衢后有负冤者，犹思公之不可复，云："大江东连涨海，不设关隘，海寇出没，人甚苦之。"公首建更逻之，令沿江要害置立水寨，远者相去不过五十里，堠堞相望，分地而守，互相应援,又重立赏格,人争相奋趋擒获之利,自是寇患渐息,至今著为成,令人犹赖之继。迁南少宰,进大宗伯。公治洛之政,防江之略,经纶已著,风采在人,才可大受,而处南都无事之地,人方望以公辅。未几,乃以中官刘瑾诖误去。刘在微时,坐法当死,公辨其诬出之,刘至正德中,遭握宠灵,追念旧德,欲推公要路。公不欲近之,然其势方烈,亦不敢绝之也。台官未明公志,劾之以去。公弗自辨,识者无不称惜。公为政一,以安民为主,锄抑强梗,临事不惧,然德器故长者,乐易可亲,人亦不甚怨之,至其天资迅迈,见事迎解法家,疑拟多待,以决宅心仁恕,冤狱多所平反。谢政家居三十年,未尝言及宠辱,惟搜剔水石,树艺果蔬,俯仰游衍,清净以乐天年。或劝殖资产,以道家之忌谢之。性友爱笃至。四弟早世,抚其孤,无异己出,诸少赖以成立,无凋落者。虽贵列三事,未尝以势傲乡人,训子弟,执礼于乡,长老维谨。卒于嘉靖丙申,距生景泰壬申,享年八十有五。

按:朱恩(1452—1536),字汝承,明代莘庄人。儿时酬对宾客即有成人志,弱冠文誉,蔚然传诵。成化二十年(1484)登进士。由行人升刑部员外郎,进郎中,历经官场风云,正德五年(1510)任南京礼部尚书。退出政界后,又在家乡居住二十五年,从未言及当年宠辱,潜心搜集水石,研究树艺,种植果蔬,以乐天年。嘉靖十五年(1536)逝世,享年八十五岁。墓志铭由费寀(字子和,号钟石,时任南京吏部右侍郎)撰写。朱氏三世墓葬于莘朱路四号桥南,1958年挖掘出土陪葬品。墓志今存上海博物馆。铭文录自明代焦竑辑《国朝献征录》。

新建逢嘉桥小记碑

[汪琇莹撰,清嘉庆元年(1796)]

横沥由华(亭)入娄(县),北迤会于蒲溪,有木桥二跨,其上皆即水名,名而以南北分系焉。木质易坏,延不时行者为病。醒泉冯甥,均其道路相土,南七宝寺之阳作石桥一所,计费若干缗,资不外假,而绩用成,属予记之。予曰：筑梁利济，其事可嘉也。南北适中，其位可嘉也。且又年逢嘉庆，月平是后也。予老入将唯，汝是嘉矣。因以逢嘉名，而著其命之之意。醒泉，名以昌，癸卯副榜、曾任阳羡学谕。

少湖汪琇莹撰并书。

按：建桥人冯以昌，字醒泉，号吟秋，私谥孝惠，莘庄镇北冯家旗杆人，名臣冯恩八世孙。乾隆四十八年(1783)娄县籍副贡生，历任安徽怀远教谕、江苏阳羡(宜兴)教谕、苏州府学教授。父子乐于善举，修建桥梁。享年六十九岁。碑今存闵行区博物馆。

华亭、娄、青浦三县永禁饥民抢粮碑

[清光绪二十四年(1898)]

钦加同知衔在任候补分府　特授松江府娄县正堂屈

钦加三品衔　特用直隶州正任常州府江阴县调署松江府华亭县正堂刘

钦加同知衔　特授松江府青浦县正堂汪

为

勒石永禁事

光绪二十四年八月初六日，据华、娄、青职贡生监张书绅、李颂芬、冯祖寅、骆文华、陈祖□、金衍□、□□□、张允臧、吴□□、张亦韶等禀称："窃职等世居莘庄、七宝各图，该处系华、娄、青三邑交界，本为……，近来恶丐结队成群、逗留乡镇，或数十，或数百，肆行无忌，并不畏法，于镇则强索钱文，于乡则……。前娄宪于光绪八年间出示禁约，岂知该丐等仍不奉法，愈聚愈众，以强为胜，致此抢米四……亦自成一队，攫取衣饰等件，并扬言有三千之众相约而来，致使民心惶惶难安。生职等为地方起见……，……同驱逐，并请出示勒石永禁。为此，示……一体知悉：自勒石之后，如再有恶丐逗留在境，立即随时鸣保，协同该处丐头实力驱逐，不准片刻停留。……究该保等……，亦……徇纵违延，启干革究。切切。"

特示

光绪二十四年　月　日示

按：清光绪二十四年(1898)由娄、华亭、青浦三县共立，记南钱教案事。当年六月十四日(7月21日)，南钱村财主勾结南钱天主堂(今莘庄南张天主堂)神甫，乘粮荒囤积居奇，引发饥民被迫焚烧教堂，开仓分粮。抢米风潮遭清廷镇压。八月，娄县知县屈泰清、华亭知县刘有光、青浦知县汪瑞曾联合在三县各镇勒石立《永禁饥民抢粮碑》。立于七宝镇的碑石曾由七宝镇文化中心站收藏，后存上海县文化馆。

《西河草堂遗稿》序

(秦锡田 1935年)

诗，天籁也。乡间之谚语，童叟之歌谣，劳人思妇之讴吟，不假修饰，自然超妙，故无意于为诗者。诗未必尽传，而必有可传之句，如吾友张君虞赓，其无意于为诗者乎。李君少孤，母夫人抚之成，立教之，读书既青一衿，弃去帖括，一致力于农田，雨笠烟蓑，手足胼胝，暇则手一编，高吟朗读，声渊渊，如金石，风之晨，月之夕，即景言情，辄有吟咏，顾信手挥洒，即随手抛弃，不遑点窜，并不自检理，故少年之作只字无存。中年以后，哲嗣铭西为之编录，迨铭西逝世而君诗遂无存者。君卒后二年，余命其孙守先兄弟录其尤雅驯者，得五百六十八首，付之手民，而以铭西诗六十七首附印于后。呜呼，余与君同岁入学，而踪迹甚疏。光绪季年，余长三林学校，君友李君绮城来与共事，日称道君治家之整，待人之诚，继而晤钱君荫庭、张君仰莲、唐君赞成，咸绳君之长厚，余心焉仪之。未几，君遣长子企燕来读，沈潜好学，学日猛晋，不幸早夭，君既恸长子，益爱护其幼子，不令出门游学而延师课之，读又推己及人，令邻里儿童皆得就学，一时造就者甚众。宣统初，余偕绮城造君庐，见铭西恂恂儒雅，遂字以季女。君家离市三里，曲水环抱，花木蔚翳，风景幽绝，小楼一角，四面轩窗，瞻眺邻村，万绿如洗，室以内诗筒、酒盏、画箧、书囊，位置井井。余笑问之曰，君啸傲泉石，吞吐云霞，其或有花坞之吟，桃源之记，可以涤我尘襟乎。君曰，蛙歌蚓曲，正如岭上白云止，可自怡悦，不堪持赠君耳。余亦不强索也，既而同游西湖，君探幽缒险，腰腿甚健，意君必有游览之作，然仍闷不示人。甲子秋，君避兵来沪，朝夕从时，铭西已故，君意同萧，索无复曩，时之放逸，兵退君归，闭户课孙，益不问世事。未及十年，守先兄弟次第入中学，而君已不及见矣，悲夫。君貌癯而野，气旷而肃，外和而内介，口苦而心慈，衣冠朴陋而吐属名隽，仪文率略而情致缠绵，利禄不动于心，喜怒不形于色，不因物而凝滞，不随俗而推移，少壮屡赋悼亡，境至怫逆，晚稍宽裕，即以家事付其子，遂谢绝尘事，独乐其乐，黎明即起，徒步赴市，与田夫野老啜茗清谈，殆无虚日，销声匿迹，其荷篠丈人之流欤，长吟短咏，其康节击壤之亚欤。呜呼，无意于为诗而诗存，无意于求名而名传，此其中若有天焉，天何言哉，余亦默尔息矣。

按：秦锡田（1861—1940），字君谷，号砚畦，晚号适庵，陈行镇人。时任三林学校校长。张虞赓是其上海县学同学。

历代书目及作者

朱大韶(1517—1577),字象元,号文石,莘庄人,明嘉靖二十六年进士。撰《春秋传礼征》十卷、《尧典中星考》、《月令中星考》、《经术堂集》、《横经阁收藏书籍记》、《实事求是斋经说》,辑《皇明名臣墓铭》八卷。

冯光镐,清道光年间莘庄冯家旗杆人。辑《孝惠公年谱》。

张虞赓(1858—1933),字愚耕,号乐韶,莘庄西河浜人。撰《西河草堂遗稿》。

陆龄伯(1867—1912),字锡嘏,号师绩,莘庄镇人。撰《陆氏医案》《陆氏肠道病》《幼科学讲义》。

吴杰(1918—1996),原名吴关杰,莘庄镇南街人,复旦大学人文学院历史系教授。撰《中国近代国民经济史》《日本史词典》。

张渊,女,1943 年 8 月生,莘庄镇人,上海交通大学人文学院艺术系教授。撰《从自然到创作——中国画花鸟技法》《写意山水花鸟技法》《张渊画集》。

后　记

有关莘庄地区的历史文化，二十世纪八十年代曾有《莘庄镇志》《莘庄乡志》及未刊行的《莘庄镇风物志》等做了记载，可惜存在很多缺憾。本地清代《孝惠公年谱》《西河草堂遗稿》等地方文献长期湮没无人问津。目前世人能读到的介绍莘庄历史的文章，所叙述的内容大多是近一百年来的记忆。因此，《莘庄史话》的问世，希望能填补历史叙事的空白，弥补地方志书的缺憾。

近三十多年来，笔者为探究家乡的历史风物，不断发掘史料，疏理文脉，弄清了莘庄地区历代重要的历史事件、历史人物和各类人文风物的概貌，尽力做了客观详实的记述，有不少内容鲜为人知但绝对有据可查。以感恩之心，热爱家乡，回报家乡，是每一个“莘庄人”的责任。

2023年，恰逢莘庄乡镇合并三十周年，谨以正式出版的《莘庄史话》表示庆贺。愿每一个“莘庄人”勿忘“回家的路”，祝莘庄的明天更美好！

张乃清

2023年2月

上海闵行地方文史丛书

（闵行区文化发展专项资金资助项目）

第二辑

《浦江史话》
《吴泾史话》
《马桥史话》
《颛桥、莘庄工业区史话》
《梅陇、古美史话》
《莘庄史话》
《七宝史话》
《虹桥史话》
《华漕、新虹史话》
《江川史话》
《浦锦史话》

第一辑

《闵行秀·老屋大观》
《闵行秀·古迹寻踪》
《闵行秀·乡土墨客》
《上海闵行英烈》
《上海闵行红色地图》
《百年沪闵路》（修订本）
《海派乡土文化》（修订本）
《20世纪上海乡土图像》
《上海闵行历代著姓望族》
《上海闵行地方古籍提要》